第4版刊行にあたって

　今回の改訂に当たっては法人住民税と法人事業税を中心に令和4年度税制改正までの内容を織り込んでいます。

　令和元年度の税制改正においては地方法人課税における新たな偏在是正措置として，従来の地方法人特別税を廃止し法人事業税率を復元したうえで，都市・地方の持続可能な発展のための地方税体系の構築の観点から，恒久的な措置として法人事業税の一部を分離して特別法人事業税が創設されました。なお，これに合わせて法人事業税率は再度引き下げられましたので，全体の税率はほぼ同負担で維持されました。

　令和2年度税制改正では，送配電部門の法的分離，新規参入の状況とその見通し，行政サービスの受益に応じた負担の観点，地方財政や個々の地方公共団体の税収に与える影響等を考慮の上，発電・小売電気事業に係る課税方式を見直しが行われました。具体的には法人事業税について従来の収入割に加え，資本金の額に応じて，所得割，付加価値割，資本割の課税が組み込まれることになりました。また令和4年度税制改正においても，ガス供給業の課税方式を見直しが行われ，事業の内容に応じて，収入割に付加価値割と資本割の課税を組み込む方法，及び，収入割の計算を行わずに一般法人と同様の課税を行う方法が加わりました。

　他の法律の影響を受けた改正として，租税特別措置法における人材確保等促進税制及び賃上げ促進税制の改正に合わせて付加価値割の計算における特例制度の見直しも行われました。これらの改正は短期間での見直しが続いているため，適用時期や適用に当たって集計すべき給与等の額の違いについてしっかりと把握しておく必要があります。また，法人税法における連結納税制度がグループ通算制度に移行することに伴う見直しも行われています。そのほか，納税環境に関する内容としてeLTAX（地方税のオンライン手続きのためのシステム）を通じた各種手続きの電子化の改正が行われています。

今回の改訂においては，特にこれらの改正の内容について，適用時期などを整理しながらわかりやすくまとめるよう努めました。地方税には細かい計算が多く，単純な計算ミスをしやすい側面があります。本書により各種の取扱いを整理していただき，多くの方々の実務の手助けとなれば幸いです。

　末筆にはなりましたが，本書の作成，発刊にあたり多大なご尽力をいただきました税務経理協会の吉冨様にこの場をお借りして深く御礼申し上げます。

令和4年9月

税理士法人山田＆パートナーズ

執筆者代表　平井 伸央

はじめに

　本書は，地方税の取扱いについて，法人が納税義務者の場合を前提とし，また，法人自ら申告を行う税目に限定して解説を行います。

　地方税法には数多くの税目が定められており，特に事業を行う法人は様々な種類の地方税を負担しています。その中でも，法人の税務実務に携わる方々の頭を悩ませるのは，納付すべき税額を自ら計算する申告納付方式の税目ではないでしょうか。主要な税目である地方法人二税（法人住民税と法人事業税）は，国税である法人税の計算内容を基礎として計算を行うため，ケースによってはほとんど手間をかけずに税額計算が終了することもあります。しかし，実際には実に多くの細かい計算ルールが設けられており，事業所の異動や資本金の増減などこれらの計算ルール上考慮しなければならない特有の論点が生じた場合には，計算に誤りがないよう慎重な対応が必要とされます。

　地方税の計算の根拠となる地方税法は，所得税法や法人税法など他の法律を参照している部分が多く読みづらいと感じる方もいらっしゃると思います。また，実際の課税は各地方団体が定める条例に基づいて行われるため，地方税はその全体の体系から細かい計算規定までを網羅的に把握することが難しい税金です。そこで，特に税理士や企業の経理担当者の方の多くが携わるであろう法人の申告に関する論点を整理したいと思い，本書をまとめました。

　本書における解説については，全般に渡ってご留意いただきたい点があります。地方税の実務は，地方税法や各地方団体が定める条例が根拠規定となり，このほか，総務大臣から各都道府県知事宛に通知される「地方税法の施行に関する取扱いについて」が実務上の指針として広く公開されています。しかし，内容によっては各地方団体が作成した「申告書の手引き」などに記載はあるものの，法令等に根拠がなく，広く公開の対象とはされていない内部通達等に基づく取扱いも存在します。本書においては，このような取扱いについても，実

務で使う情報をわかりやすくまとめたいという観点から，各地方団体の各種の手引きを参考に解説している箇所があります。これらの手引きの記載に基づく解説は，おおむね各地方団体で同様の取扱いをしていると思われる部分についてのみ記載をしておりますが，必ずしもすべての地方団体で画一的な取扱いとはならない可能性もありますので，その点ご理解いただいたうえで解説をご確認いただければと思います。

　本書は，はじめて地方税の申告実務を行う方から，細かな内容まで押さえておきたい税理士の方まで満足いただけるよう，Q&A方式により基本的な内容から事例を交えた解説まで一冊にまとめています。多くの方々に参考としていただければ幸いです。

　末筆にはなりましたが，本書の作成，発刊にあたり多大なご尽力を頂きました税務経理協会の吉冨様にこの場をお借りして深く御礼申し上げます。

平成25年3月

税理士法人山田＆パートナーズ

執筆者代表　平井 伸央

凡　例

地法	地方税法
地令	地方税法施行令
地規	地方税法施行規則
通法	国税通則法
所法	所得税法
法法	法人税法
法令	法人税法施行令
措法	租税特別措置法
措令	租税特別措置法施行令
地法法	地方法人税法
暫定措置法	地方法人特別税等に関する暫定措置法
通知（県）	地方税法の施行に関する取扱いについて（道府県税関係） （通知日：平成 22 年 4 月 1 日　文書番号：総税都第 16 号）
通知（市）	地方税法の施行に関する取扱いについて（市町村税関係） （通知日：平成 22 年 4 月 1 日　文書番号：総税市第 16 号）
都条例	東京都都税条例
都条例規	東京都都税条例施行規則

目次
CONTENTS

第3章　法人事業税

第4章　事業所税

第5章　償却資産税

第6章　修正申告・更正等の手続き

第1章

法人が納める地方税の概要

　地方税は地方団体によって課される租税であり，その負担者や使途に応じて様々な税目が設けられている。本章では，これら地方税の体系をまとめるとともに本書のテーマである法人が自己の申告により納税を行う税目についてその概要を確認する。

地方税についてその概要を教えてください。

Answer

① 租税には国が課税する国税と地方団体（道府県又は市町村）が課税する地方税がある。地方税は道府県税と市町村税に区分され，さらにそれぞれ普通税と目的税に区分される。

② 地方税の基本的な枠組みは地方税法によって定められており，地方団体は地方税法の範囲内で条例を定め，それぞれの自主性に基づいて地方税の賦課徴収を行うことができる（課税自主権）。

③ 東京都及び特別区においては，都税及び特別区税として道府県税及び市町村税の取扱いが準用されるなど，特例規定が設けられている。

1 地方税の役割

　租税には国が課税する国税と地方団体（道府県又は市町村）が課税する地方税がある。このうち地方税は，地方団体によって提供される教育，福祉，消防，救急，ごみ処理といった生活に身近な行政サービスを賄うための財源となる。したがって，地方税はその地域に住む住民やその地域に所在する企業などにより負担される。

2 地方税の体系

　地方税の基本的な取扱いは地方税法によって定められている。地方税法は，総務省の自治税務局が所管しており，各地方団体は地方税法の範囲内で条例を定め，それぞれの自主性に基づいて税率の設定等を行うことができる。これを課税自主権という。

　地方税法において地方税は道府県が課税する道府県税と市町村が課税する市町村税に区分され，さらにその収入の使途に応じて普通税と目的税に区分される。普通税とはその使途は特定されず一般的な財源に充てられる税金であり，

目的税とは特定の使途のみに充てられる税金である。これらの体系と地方税法に定める具体的な税目をまとめると以下のとおりとなる。

Chart 地方税体系

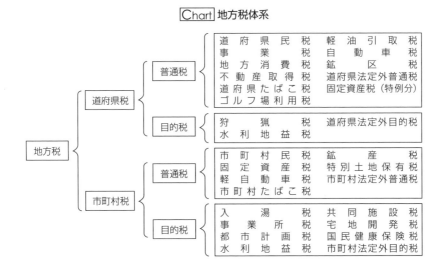

```
                                    ┌─ 道 府 県 民 税    軽 油 引 取 税
                                    │  事     業     税   自  動  車  税
                         ┌─ 普通税 ─┤  地 方 消 費 税    鉱  区     税
                         │          │  不 動 産 取 得 税   道府県法定外普通税
              ┌─ 道府県税 ┤          │  道 府 県 た ば こ 税  固定資産税（特例分）
              │          │          └─ ゴ ル フ 場 利 用 税
              │          │          ┌─ 狩     猟     税   道府県法定外目的税
              │          └─ 目的税 ─┤  水 利 地 益 税
地方税 ┤
              │          ┌─ 普通税 ─┤  市 町 村 民 税    鉱  産     税
              │          │          │  固 定 資 産 税    特別土地保有税
              │          │          │  軽 自 動 車 税    市町村法定外普通税
              └─ 市町村税 ┤          └─ 市 町 村 た ば こ 税
                         │          ┌─ 入     湯     税   共 同 施 設 税
                         │          │  事  業  所  税   宅 地 開 発 税
                         └─ 目的税 ─┤  都 市 計 画 税    国民健康保険税
                                    └─ 水 利 地 益 税    市町村法定外目的税
```

3 東京都の取扱い

　地方税は課税する地方団体の区分に応じて「道府県税」及び「市町村税」と表現され，「都道府県税」及び「市区町村税」という呼称ではない。地方税法上，都（東京都）及び特別区（東京都23区）についてはそれぞれ道府県税及び市町村税の規定を準用することとされており，その適用上，「道府県税」は「都税」，「市町村税」は「特別区税」と読み替える（地法1②）。また，特別区の存する区域において，道府県民税及び市町村民税を合算して都民税として課されるなどいくつかの特例規定が設けられている（地法734〜737，739）。

地方団体が課税自主権を活用するための方法について教えてください。

Answer

① 地方団体が条例により行う課税自主権を活用する主な手段としては，法定外税と超過課税の制度がある。

② 法定外税とは，地方税法に定める税目以外の税目で，地方団体が条例により定めるものをいう。地方団体は，総務大臣に協議し，その同意を得ることで条例により税目を新設することができる。

③ 超過課税とは，地方税法に定める標準税率（地方団体が課税する場合に通常よるべき税率）を超えて税率を設定し，課税を行うことをいう。

1 概要

地方団体は課税自主権の考え方に基づき，地方税法の定めの範囲内において条例を制定し，税目や税率設定を自主的に決定することができる。この課税自主権を活用するための主な方法としては「法定外税」と「超過課税」の制度が挙げられる。

2 法定外税

地方税法に定める税目には，地方団体が「課するものとする」と規定されている法定税と，地方団体が「課することができる」と規定されている法定任意税（都市計画税など）があるが，これ以外にも条例により定めることで，税目を新設することができる。これを法定外税という。法定外税には，法定外普通税と法定外目的税がある。地方団体は，法定外税の新設又は変更（税率の引下げ，廃止等の変更を除く）をしようとする場合においては，あらかじめ総務大臣に協議し，その同意を得なければならない（地法259，669，731）。法定外税の具体例としては以下のような税目が挙げられる。

[Chart] 法定外税の具体例（令和4年4月1日現在）

区分	税目	課税の内容等	実施団体
道府県法定外普通税	核燃料税	発電用原子炉に挿入した核燃料の価額等に対して課税	福井県，愛媛県など
市町村法定外普通税	別荘等所有税	別荘等の延面積に対して課税	静岡県熱海市
道府県法定外目的税	産業廃棄物税	産業廃棄物の重量に対して課税 税収は，産業廃棄物の発生抑制等に要する費用に充てられる	三重県，青森県など
市町村法定外目的税	宿泊税	ホテル等の宿泊施設への宿泊数等に対して課税 税収は観光の振興を図る施策に要する費用等に充てられる	京都府京都市，石川県金沢市など

③ 超過課税

（1）地方税の税率

　地方税の計算を行うにあたっては，その税目により様々な税率が規定されているが，地方税の税率には，標準税率，一定税率，任意税率の3種類がある。それぞれの内容は以下のとおりである。

[Chart] 地方税の税率の種類

区分	内容	具体例
標準税率	地方団体が課税する場合に通常よるべき税率。財政上その他の必要があると認める場合においては，異なる税率を用いることも認められる。ただし，税目によっては上限となる制限税率が定められている。	道府県民税法人税割，法人事業税，不動産取得税，固定資産税など
一定税率	地方団体が税率を定めるにあたって，それ以外の税率を定めることができない税率。	道府県民税利子割，地方消費税，事業所税など
任意税率	地方税法において税率を定めず，地方団体に税率設定を委ねている税率。ただし，税目によっては上限となる制限税率が定められている。	都市計画税，水利地益税など

（2）超過税率の適用による超過課税

　地方税法において標準税率が定められている税目については，条例により異なる税率を適用することが認められる。標準税率を超えて適用される税率を超過税率という。地方団体は自らの財政状況等を考慮し，自主的な判断に基づいて税率を設定することができる。ただし，地方税法において上限となる制限税率が定められている税目については，その税率を超えて設定することはできない。

　なお，標準税率未満で課税を行うことも可能であり，例えば愛知県名古屋市においては個人の住民税について標準税率未満の課税を実施している。

Question 03

法人が納付する地方税のうち，法人自ら税額を計算し申告を行うものについてその種類と概要を教えてください。

Answer

① 地方税の納付方法には，申告納付方式，特別徴収方式，普通徴収方式，証紙徴収方式の4種類がある。

② 納税義務者である法人が自ら税額を計算し申告を行う申告納付方式の主な税目としては，道府県民税，事業税，市町村民税，事業所税，地方消費税がある。

③ 固定資産税の納付方法は地方団体が税額を決定し納税者に納税通知書を交付する普通徴収方式であるが，このうち償却資産に係るものについては，その税額の計算の基礎となる事項について納税者の申告が必要となる。

■ 地方税の納付方法

地方税の納付方法には，申告納付方式，普通徴収方式，特別徴収方式，証紙徴収方式の4種類がある。その内容は以下のとおりである。

Chart 地方税の納付方法

区分	内容
申告納付	納税者が自ら納付額を計算し，申告をして納める方法
特別徴収	地方団体に代わって税金を徴収する義務を課せられた者（特別徴収義務者）が，税金を負担すべき者から税金を預かって納付する方法。地方団体が特別徴収すべき税額等を特別徴収義務者に通知する方法と特別徴収義務者がその徴収すべき地方税の税額等を申告し，その税額を納める方法がある。後者の方法を申告納入という。
普通徴収	地方団体が法律や条例に基づいて税額を決定し，その税額や納期等を記載した納税通知書を納税者に交付することによって地方税を徴収する方法
証紙徴収	地方団体が納税通知書を交付せず，その発行する証紙をもって税額を払い込ませる方法

② 法人が申告納付を行う地方税の税目

法人が申告納付を行う地方税の主な税目としては，道府県民税，事業税，市町村民税，事業所税，地方消費税がある。それぞれの内容は以下のとおりである。

Chart 法人が申告納付を行う主な税目

税目	内容	細目
道府県民税 （第2章参照）	事務所等の所在する道府県において課される税金（道府県税）	均等割，法人税割
事業税 （第3章参照）	事務所等を設けて事業を行う法人に対して課される税金（道府県税）	所得割，付加価値割，資本割，収入割，（特別法人事業税）
市町村民税 （第2章参照）	事務所等の所在する市町村において課される税金（市町村税）	均等割，法人税割
事業所税 （第4章参照）	都市環境の整備等の費用に充てるための目的税（市町村税）	資産割，従業者割
地方消費税	消費に対して課される消費税（国税）を課税標準として課される税金（道府県税）。消費税と併せて申告納付を行う。	譲渡割（課税資産の譲渡等に係る税金），貨物割（課税貨物の引取りに係る税金）

なお上記のほか，軽油引取税，たばこ税も申告納付方式である。

③ 償却資産に係る固定資産税の計算

固定資産税は，固定資産の所有者に対し当該固定資産の評価額を基礎に計算した税額を課す市町村税であり，その納付方法は，市町村が税額を決定し納税者に納税通知書を交付する普通徴収方式である。ただし，このうち償却資産（土地及び家屋以外の事業の用に供することができる資産）に係るものについては，納税義務者である償却資産の所有者がその固定資産税の計算に関する事項について申告書を作成し，申告を行う必要がある（第5章参照）。

第 2 章

法人住民税

　法人住民税は，法人が事務所等を有する場合に，その
事務所等の所在する都道府県及び市町村において課され
る税金である。法人の規模に応じて課される均等割額や，
法人税（国税）の額を課税標準として課される法人税割
額などがある。

法人住民税の概要と納税義務者について教えてください。

Answer

① 法人住民税には，道府県民税と市町村民税がある。東京都特別区（23区）においては両者をまとめて都民税として課税される。

② 法人の道府県民税，市町村民税及び都民税には，均等割と法人税割がある。

③ 法人は事務所等の所在する都道府県及び市町村に対し，法人の事業年度を算定期間として均等割と法人税割を納める義務がある。

④ 事務所等がない場合においても，寮等があるときは，その寮等の所在する都道府県及び市町村に対し，均等割を納める義務がある。

■ 法人住民税の概要

　法人住民税とは通称であり，その内容として「道府県民税」と「市町村民税」がある。東京都については，道府県民税相当は「都民税」として課税され，東京都特別区（23区）内においては，地方税法の特例により，特別区を市とみなすことで，道府県民税相当と市町村民税相当がまとめて「都民税」として課税される（地法734）。道府県民税，市町村民税及び都民税のいずれについても，「均等割」と「法人税割」がある。

■ 法人住民税の納税義務者（地法24，294）

（1）事務所等がある場合（均等割・法人税割）

　法人はその事務所又は事業所（以下「事務所等」という）の所在する都道府県及び市町村に対し，均等割と法人税割を納める義務がある。事務所等とは，事業の必要性から設けられた人的及び物的設備であり，そこで継続して事業が行われる場所をいう（第2章Q2参照）。

　均等割と法人税割は，法人の事業年度を算定期間として自ら計算し，事務所等の所在する都道府県及び市町村に対して申告及び納付を行う。事務所等が複

数の都道府県及び市町村にある場合には，その所在するすべての都道府県及び市町村に対し申告及び納付を行わなければならない。また，その算定期間の中途において事務所等を設置した場合や廃止した場合においても，その所在していた期間分についてはその所在地に納税が生じる計算となっている（この点は，その年の1月1日の住所地を基準として年間税額の納付先が確定する個人住民税とは取扱いが異なる）。

(2) 事務所等がなく寮等がある場合（均等割）

　法人が寮，宿泊所，クラブその他これらに類する施設（以下「寮等」という）を有する場合において，その寮等が所在する都道府県又は市町村に事務所等がない場合には，その寮等が所在する都道府県又は市町村に対しては均等割のみを納める義務がある。つまり，法人税割については納める義務はない（第2章Q3参照）。

Chart　事務所等及び寮等がある場合の例示

① 　事務所等及び寮等の所在地
　・本社事務所　　　東京都千代田区
　・支社事務所　　　千葉県柏市
　・保養所（寮等）　静岡県熱海市
② 　各所在地にて納税義務が生じる税目

区分	本社 （事務所等）	支社 （事務所等）		保養所 （寮等）	
課税団体	東京都	千葉県	柏市	静岡県	熱海市
納税義務が 生じる税目	【都民税(注1)】 均等割 法人税割	【道府県民税】 均等割 法人税割	【市町村民税】 均等割 法人税割	【道府県民税】 均等割 －　（注2）	【市町村民税】 均等割 －　（注2）

（注1）　東京都千代田区（特別区）は，道府県民税相当額と市町村民税相当額の合計額がまとめて都民税として課税される。
（注2）　寮等のみが所在する都道府県及び市町村は，均等割のみが課税され法人税割は課税されない。

❸ 特殊な法人等の法人住民税の納税義務

（1）公共法人，公益法人等及び人格のない社団等

　法人税法に定める公共法人のうち，地方税法で指定された法人については均等割及び法人税割のいずれもが非課税とされる。指定された法人以外については均等割を納める義務がある（地法25①一・二，296①一・二）。

　公益法人等及び人格のない社団等については，収益事業を行う場合には，その収益事業を行う事務所等の所在する都道府県及び市町村において均等割と法人税割を納める義務がある。収益事業を行わない場合には，均等割と法人税割のいずれもが非課税となる場合と均等割のみの納税義務が生じる場合とがある（第2章Q20参照）。

（2）　外国法人

　国内に本店又は主たる事務所等を有しない法人（以下「外国法人」という）は，日本国内において事業が行われる場所（いわゆる恒久的施設（PE＝Permanent Establishment））がある場合のみ，その恒久的施設の所在する都道府県及び市町村において均等割と法人税割を納める義務がある（第2章Q21参照）。

Question 02

事務所又は事業所の意義について教えてください。

Answer

①　事務所又は事業所とは，事業の必要から設けられた人的設備及び物的設備であって，そこで継続して事業が行われる場所をいう。

②　本来の事業に直接，間接に関連して行われる付随的事業であっても，社会通念上そこで事業が行われていると考えられるものについては，事務所又は事業所として取り扱う。

③　人的設備とは事業活動に従事する自然人をいい，物的設備とは事業が行われるのに必要な土地，建物，機械設備，事務設備などをいう。

■ 事務所又は事業所の意義（通知（県）第1章第1節6，通知（市）第1章第1節6）

　都道府県又は市町村内に事務所又は事業所（以下「事務所等」という）を有する法人に対しては均等割と法人税割が課税されるが，ここでいう事務所等とは，自己の所有に属するものであるか否かにかかわらず，事業の必要から設けられた人的設備及び物的設備であって，そこで継続して事業が行われる場所をいう。本来の事業に直接，間接に関連して行われる付随的事業であっても社会通念上そこで事業が行われていると考えられるものについても事務所等として取り扱う。

　ただし，宿泊所，従業員詰所，番小屋，監視所等で番人，小使等のほかに別に事務員を配置せず，専ら従業員の宿泊，監視等の内部的，便宜的目的のみに供されるものは，事務所等の範囲に含まれない。

　また，人員を配置せず事業活動も行っていない代表者の自宅を法人の本店として登記し，他の場所で事業活動を行っている場合には，その代表者の自宅は事業所等に該当しない。

② 人的設備及び物的設備の意義

　人的設備とは事業活動に従事する自然人をいい，正規従業員のみではなく，法人の役員，清算人，アルバイト，パートタイマーも含まれる。また，物的設備とは，それが自己の所有に属するものであるか否かにかかわらず，事業が行われるのに必要な土地，建物，機械設備，事務設備などをいう。

③ 継続して事業が行われる場所（通知（県）第1章第1節6，通知（市）第1章第1節6）

　事務所等と認められるためには，その場所において行われる事業がある程度の継続性を持つ必要がある。したがって，例えば，たまたま2，3ヶ月程度の一時的な事業の用に供する目的で設けられる現場事務所，仮小屋等は事務所等の範囲に含まれない。

Question 03

寮等の意義について教えてください。

Answer

① 　寮等とは，寮，宿泊所，クラブ，保養所，集会所その他これらに類するもので，法人が従業員の宿泊，慰安，娯楽等の便宜を図るために常時設けられている施設をいう。

② 　鉄道従業員の乗継のための宿泊施設のようにその実質において事務所等に該当することとなるもの，又は，独身寮，社員住宅等のように特定の従業員の居住のための施設等は，寮等に含まれない。

■ 寮等に対する均等割の課税 （地法24）

　法人住民税である均等割と法人税割は，法人の事務所等が所在する都道府県及び市区町村において課税されるが，事務所等が所在しない場合においても都道府県，市区町村に寮等が所在する場合には，均等割のみ納税義務が生じる。

■ 寮等の意義 （通知（県）第2章第3節51，通知（市）第2章第1節2⑨）

　寮等とは，寮，宿泊所，クラブ，保養所，集会所その他これらに類するもので，法人が従業員の宿泊，慰安，娯楽等の便宜を図るために常時設けられている施設をいい，それが自己の所有に属するものであるか否かを問わない。

■ 寮等に該当しないもの

　寮，宿泊所等と呼ばれるものであっても，以下のような施設は寮等に含まれない。

イ　鉄道従業員の乗継のための宿泊施設のようにその実質において事務所等に該当することとなるもの（事務所等として均等割及び法人税割の納税義務が生じる）

ロ　独身寮，社員住宅等のように特定の従業員の居住のための施設等

ハ　季節的に私人の住宅等を借り上げて臨時的に開設する「海の家」等の施設

均等割の税率について教えてください。

① 均等割の税率は，地方税法に定められている標準税率を基準として，各道府県又は市町村の条例で定められる。

② 政令指定都市については，政令指定都市の区を1つの市の区域とみなして市町村民税の規定を適用する。

③ 東京都については，他の道府県及び市町村と異なり特別な取扱いが設けられる。

1 均等割の税率

均等割の税率は，地方税法に定められている標準税率を基準として，各道府県又は市町村の条例で定められている。なお，道府県の均等割の税率については制限税率が定められていないが，市町村の均等割の税率については制限税率が定められており，標準税率の1.2倍を超えることができない（地法52①，312①②）。

地方税法に定められている均等割の標準税率は次のとおりである。

Chart 地方税法に定められている標準税率

法人の区分			従業者数 ※3	道府県民税（年額）	市町村民税（年額）
公共法人，公益法人等 など ※1			－	2万円	5万円
上記以外の法人 ※2	資本金等の額	1,000万円以下	50人以下	2万円	5万円
			50人超	2万円	12万円
		1,000万円超～1億円以下	50人以下	5万円	13万円
			50人超	5万円	15万円
		1億円超～10億円以下	50人以下	13万円	16万円
			50人超	13万円	40万円
		10億円超～50億円以下	50人以下	54万円	41万円
			50人超	54万円	175万円
		50億円超～	50人以下	80万円	41万円
			50人超	80万円	300万円

※1　「公共法人，公益法人等など」に該当する法人は次のとおりである。
　　・公共法人及び公益法人等（均等割を課すことができないもの（第2章 Q20 参照）
　　　及び独立行政法人で収益事業を行うものを除く）
　　・収益事業を行う人格のない社団等
　　・一般社団法人及び一般財団法人（それぞれ非営利型法人に該当するものを除く）
　　・上記以外の法人で資本金の額又は出資金の額を有しない法人（保険業法に規定する
　　　相互会社を除く）
※2　資本金等の額とは，法人税法に定める資本金等の額に，無償増資等の額又は無償
　　減資等による欠損てん補を加減算した金額をいう。また，算定期間末日における当該
　　資本金等の額が，資本金の額と資本準備金の額との合計額又は出資金の額に満たない
　　場合には，資本金の額と資本準備金の額との合計額又は出資金の額とする（第2章
　　Q6 参照）。
※3　従業者数については，第2章 Q7 参照。

② 政令指定都市の取扱い

　いわゆる政令指定都市と呼ばれる地方自治法第252条の19第1項に掲げる
指定都市（以下「政令指定都市」という）については，市の中に行政区と呼ば
れる区域を設けているが，当該政令指定都市の区を1つの市の区域とみなして
市町村民税の規定を適用する。したがって，均等割の計算においては，区ごと
に従業者数等を算定し，それぞれの区において均等割が課される（地法737
①）。

③ 東京都の取扱い

　東京都については，他の道府県及び市町村と異なり特別な取扱いが設けられ
ている（第2章 Q5参照）。

■事例

1　当社の概要
　　・本社の所在地　　千葉市美浜区（期末従業員数は55人）
　　・営業所の所在地　千葉市中央区（期末従業員数は15人）
　　・資本金等の額　　1,000万円（資本金の額800万円，資本準備金の額200万
　　　円）

※千葉県及び千葉市の均等割額については，標準税率が採用されている。

2　均等割額の計算（ Chart の標準税率の表を確認）

　①　道府県民税　2万円（資本金等の額1,000万円以下の区分）

　②　市町村民税　17万円

　　・美浜区12万円（資本金等の額1,000万円以下，かつ，従業者数50人超の区分）

　　・中央区5万円（資本金等の額1,000万円以下，かつ，従業者数50人以下の区分）

　　※千葉市は政令指定都市に該当するため区ごとに均等割が課される。

Question 05

東京都の均等割の税率について教えてください。

Answer

① 東京都の特別区に主たる事務所等を有する法人は，その主たる事務所等が所在する特別区においては，道府県民税と市町村民税を合算した金額に相当する均等割が都民税として課される。
② 特別区において従たる事務所がある場合には，当該特別区の各区を一の市町村とみなし，市町村民税に相当する均等割が都民税として課される。
③ 東京都の特別区以外の区域（市町村）にのみ事務所等を有する法人においては，道府県民税に相当する均等割が都民税として課され，市町村においては市町村民税として均等割が課される。

■ 東京都の均等割の税率表

　東京都に事務所等を有する法人は，道府県民税に相当する金額は都民税として課税される。また，東京都の特別区（23区）に事務所等を有する法人については，当該特別区の各区を一の市町村とみなし，それぞれの区において市町村民税に相当する金額が都民税として課税される。東京都の特別区以外の区域（市町村）に事務所等を有する法人は，他の道府県と同様に，市町村においては市町村民税が課される。

　都民税の均等割について，事務所等の所在地別に税率をまとめると次のとおりとなる（都条例106，200）。

| 法人の区分 | 特別区内の従業者数 ※3 | I表 特別区のみに事務所等を有する法人 | | II表 特別区と市町村に事務所等を有する法人 | | III表 市町村のみに事務所等を有する法人 |
		主たる事務所等が所在する特別区(道府県分＋特別区分)	従たる事務所等が所在する特別区(特別区分)	道府県分	特別区分	道府県分
公共法人,公益法人等 など ※1	－	7万円	5万円	2万円	5万円	2万円
上記以外の法人　資本金等の額 ※2　1,000万円以下	50人以下	7万円	5万円	2万円	5万円	2万円
1,000万円以下	50人超	14万円	12万円	2万円	12万円	2万円
1,000万円超～1億円以下	50人以下	18万円	13万円	5万円	13万円	5万円
1,000万円超～1億円以下	50人超	20万円	15万円	5万円	15万円	5万円
1億円超～10億円以下	50人以下	29万円	16万円	13万円	16万円	13万円
1億円超～10億円以下	50人超	53万円	40万円	13万円	40万円	13万円
10億円超～50億円以下	50人以下	95万円	41万円	54万円	41万円	54万円
10億円超～50億円以下	50人超	229万円	175万円	54万円	175万円	54万円
50億円超～	50人以下	121万円	41万円	80万円	41万円	80万円
50億円超～	50人超	380万円	300万円	80万円	300万円	80万円

※1 「公共法人，公益法人等など」に該当する法人については，第2章Q4参照
※2 資本金等の額とは，法人税法に定める資本金等の額に，無償増資等の額又は無償減資等による欠損てん補額を加減算した金額をいう。また，算定期間末日における当該資本金等の額が，資本金の額と資本準備金の額との合計額又は出資金の額に満たない場合には，資本金の額と資本準備金の額との合計額又は出資金の額とする（第2章Q6参照）
※3 従業者数については，第2章Q7参照

2 特別区のみに事務所等を有する法人

　税率表のⅠ表は，都内の特別区のみに事務所等を有する法人が対象となる。2以上の特別区に事務所等を有する場合は，主たる事務所等が所在する特別区の均等割額に，従たる事務所等が所在する特別区の数に応じた均等割額を加算した金額が都民税の均等割額となる。

　なお，この表における主たる事務所等とは，東京都内における主たる事務所等を指し，従たる事務所等とは，東京都内における主たる事務所等以外の事務所等を指す。

　東京都以外に本店のある法人については，東京都内の事務所等の1つを主たる事務所等として，均等割額を計算する。

3 特別区と市町村のいずれにも事務所等を有する法人

　税率表のⅡ表は，都内の特別区と市町村のいずれにも事務所等を有する法人が対象となる。道府県分の均等割額と，事務所等が所在する特別区の数に応じた特別区分の均等割額が都民税の均等割額となる。

　また，都民税の均等割のほかに，所在する市町村において当該市町村が定める税率に従い市町村民税の均等割を納める必要がある。

4 市町村のみに事務所等を有する法人

　税率表のⅢ表は，都内の特別区には事務所等を有さず，市町村のみに事務所等を有する法人が対象となる。道府県分の均等割額が都民税の均等割額となる。また，上記表の都民税の均等割額のほかに，所在する市町村において当該市町村が定める税率表に従い市町村民税の均等割を納める必要がある。

■事例

1　前提
- ①　本社の所在地　　東京都品川区（期末従業員数は60人）
- ②　営業所の所在地　東京都渋谷区（期末従業員数は20人）
  　　　　　　　　　　東京都八王子市（期末従業員数は10人）
- ③　資本金等の額　　3,000万円（資本金の額2,000万円，資本準備金の額1,000万円）

2　都民税の均等割額の計算（Chart 都民税均等割の税率表のⅡ表を確認）
- ①　道府県民税相当額　5万円（資本金等の額1,000万円超1億円以下の区分）
- ②　市町村民税相当額　28万円

・品川区15万円（資本金等の額1,000万円超1億円以下，かつ，従業者数50人超の区分）

・渋谷区13万円（資本金等の額1,000万円超1億円以下，かつ，従業者数50人以下の区分）

③　都民税の均等割の合計額　5万円＋28万円＝33万円

3　市町村民税の均等割額の計算

2の都民税のほかに，八王子市の定めに従い市町村民税の均等割額を計算する（参考：八王子市における資本金等の額1,000万円超1億円以下，かつ，従業者数50人以下の区分の均等割額は標準税率の13万円）

Question 06

均等割の計算における資本金等の額について教えてください。

Answer

① 　均等割の計算における資本金等の額とは，法人税法に定める資本金等の額に，無償減資等の額又は無償減資等による欠損てん補の額を加減算した金額をいう。

② 　資本金等の額の判定時期は，申告の区分に応じ，事業年度の末日又は前事業年度の末日となる。

③ 　算定期間の末日における資本金等の額が資本金の額及び資本準備金の額の合計額又は出資金の額に満たない場合には，当該資本金の額及び資本準備金の額の合計額又は出資金の額とする。

■ 均等割の計算における資本金等の額

　均等割の計算における資本金等の額は，法人税法に定める資本金等の額（法法2十六，法令8）を基礎とし，剰余金もしくは利益準備金の額を資本金の額とした場合（無償増資等を行った場合）又は無償減資等による欠損てん補を行った場合には，次の算式により計算した金額とする（地法23①四の二，292①四の二）。

【算式】

均等割の計算の基礎となる資本金等の額	=	法人税法に定める資本金等の額	+	【過去の事業年度分】①の金額の合計額から②及び③の金額の合計額を控除した残額	+	【当該事業年度分】①の金額の合計額から③の金額の合計額を控除した残額

① 　平成22年4月1日以後に，会社法の規定により剰余金（資本金の額又は資本準備金の額を減少し剰余金として計上したものを除く）を資本金とし，又は利益準備金の額の全部もしくは一部を資本金とした金額

② 　平成13年4月1日から平成18年4月30日までの間に，資本又は出資の減少（金銭等を交付する有償減資を除く）による資本の欠損のてん補に充てた金額及

び旧商法の規定により資本準備金による資本の欠損てん補に充てた金額

③　平成18年5月1日以後に，会社法の規定により資本金の額又は資本準備金の額を減少して剰余金を計上し，当該計上した日から1年以内に当該剰余金を欠損のてん補に充てた場合の当該金額

　なお，計算の基礎となる法人税法における資本金等の額は，必ずしも貸借対照表における資本金の額と資本準備金及びその他資本剰余金の合計額とは一致しないため留意が必要となる。実務上は，法人税の申告書別表五（一）の「Ⅱ　資本金等の額の計算に関する明細書」において計算された数値を用いる。

2 資本金等の額の判定時期

　均等割の計算における資本金等の額の判定時期は，次の申告の区分に応じそれぞれに定める日となる（地法52②，312③）。

(1) 確定申告，仮決算による中間申告の場合

　各申告に係る法人税額の課税標準の算定期間の末日となる。

(2) 予定申告の場合

　当該予定申告に係る6月の期間の直前の法人税額の課税標準の算定期間の末日（ただし，合併により設立された法人がその設立後における最初の予定申告書を提出する場合にあっては，その合併の日）となる。

3 資本金等の額が資本金と資本準備金の額の合計額を下回る場合

　算定期間の末日における資本金等の額（無償増資・無償減資等の調整がある場合には，調整後の金額）が資本金の額及び資本準備金の額の合計額又は出資金の額に満たない場合には，均等割の計算の基礎となる資本金等の額は，当該資本金の額及び資本準備金の額の合計額又は出資金の額とする（地法52④，312⑥）。

Question 07

均等割の計算における従業者数について教えてください。

Answer

① 均等割の計算における従業者とは，当該事務所に勤務すべき者で，俸給，給料，賃金，手当，賞与その他これらの性質を有する給与の支払いを受けるべき者をいう。

② 均等割の計算における従業者数は，その事務所等の算定期間末日（事業年度終了の日）現在の従業者数で算定する。

1 均等割の計算における従業者の意義

　市町村民税の均等割額は市町村内の事務所等における従業者数が50人超か以下かによって金額が異なる。ここでいう従業者とは，当該事務所等に勤務すべき者で，俸給，給料，賃金，手当，賞与その他これらの性質を有する給与の支払いを受けるべき者をいい，常勤，非常勤の別は問わない。したがって，従業者には，役員のほか派遣労働者や，アルバイト，パートタイマー，日雇者等も含まれる（地法312，地令48，通知（市）第2章第1節2⑪）。

2 従業者数の算定方法

　均等割の計算における従業者数は，その事務所等の法人税額の課税標準の算定期間（法人の事業年度。以下「算定期間」という）末日現在の従業者数で算定する。したがって，算定期間中に廃止した事務所等においては，算定期間末日現在の従業者数は0となる（地法312⑤）。

　なお，均等割の計算における従業者の意義は法人税割の分割基準（第2章Q13，Q14参照）に用いられる従業者の意義と同じであるが，従業者数の算定方法については，次の点で異なる。

　　イ　均等割の計算における従業者数については寮等の従業者数を含むが，寮等は事務所等に該当しないため法人税割の分割基準における従業者数には

寮等の従業者数を含めない（通知（市）第2章第1節2⑪）。

ロ　均等割の計算における従業者数については，アルバイト等の特例計算（以下**3**参照）を行うことができるが，法人税割の分割基準における従業者数については，アルバイト等の特例計算が認められていない。

ハ　均等割の計算における従業者数については，事業年度の中途で事務所等の設置，廃止又は従業者数に著しい変動があっても月数按分等の計算は行わず，算定期間末日現在の従業者数で算定するが，法人税割の分割基準における従業者数については事業年度の中途で事務所等の設置，廃止又は従業者数に著しい変動があった場合には月数按分等の計算を行う（第2章Q13**3**参照）。

3 アルバイト等の特例計算

従業者のうち，アルバイト，パートタイマー，日雇者（以下「アルバイト等」という）については，事務所等ごとに次の方法により算定した数の合計数をもって，算定期間の末日現在の当該アルバイト等の数とすることができる（通知（市）第2章第1節2⑪）。

イ　原則として，算定期間の末日を含む直前1月のアルバイト等の総勤務時間数を170で除して得た数値。ただし，次の①又は②に該当する場合には，それぞれに掲げる算式によって算定した数値とする。

① 算定期間の末日が月の中途である場合

$$\frac{\text{算定期間の末日の属する月の初日から算定期間の末日までのアルバイト等の総勤務時間数}}{170} \times \frac{\text{算定期間の末日の属する月の日数}}{\text{算定期間の末日の属する月の初日から算定期間の末日までの日数}}$$

②　算定期間の開始の日又は事務所等が新設された日がその算定期間の末日の属する月の中途である場合

$$
\frac{\begin{array}{l}\text{算定期間の開始の日又は事務所等}\\\text{が新設された日からその算定期間}\\\text{の末日までのアルバイト等の総勤}\\\text{務時間数}\end{array}}{170} \times \frac{\text{算定期間の末日の属する月の日数}}{\begin{array}{l}\text{算定期間の開始の日又は事務所等が}\\\text{新設された日からその算定期間の末}\\\text{日までの日数}\end{array}}
$$

ロ　上記イの方法に準じて算定期間に属する各月の末日現在におけるアルバイト等の数を算定した場合において，そのアルバイト等の数のうち最大であるものの数値が，そのアルバイト等の数のうち最小であるものの数値に2を乗じて得た数値を超える場合については，上記イの方法に代えて次の方法によりその数を算定することができる。

【算式】

$$
\frac{\begin{array}{l}\text{その算定期間に属する各月の末日現在におけるイの方法に準じて算定し}\\\text{たアルバイト等の数の合計数}\end{array}}{\text{その算定期間の月数}}
$$

　この場合における月数は，暦に従って計算し，1月に満たない端数を生じたときは，これを1月とする。

ハ　イ及びロにおいて，その算定した数に1人に満たない端数を生じたときは，これを1人とする。

事業年度の中途で事務所等を新設又は廃止した場合の均等割の計算について教えてください。

Answer

① 均等割の額は年額で定められているため，事業年度が１年でない法人や１年決算法人である法人がその事業年度の中途で事務所等を新設又は廃止した場合は月数按分が必要となる。

② 具体的な月数按分の計算式は，年額の均等割の額にその事業年度中に事務所等を有していた月数を乗じて得た額を12で除して算定する（均等割額×事務所等を有していた月数÷12）。

③ 按分計算における月数は暦に従って計算する。なお，事務所等を有していた月数が１月に満たないときは１月とし，１月以上有している場合において１月に満たない端数が生じたときは切り捨てる。

　均等割の税率表（第２章Q4，Q5参照）に記載されている均等割の額は年額で定められた金額であるため，事業年度が１年でない法人や１年決算法人である法人がその事業年度の中途で事務所等を新設又は廃止した場合には月数按分が必要となる。

　具体的には，年額の均等割の額にその事業年度中に事務所等を有していた月数を乗じて得た額を12で除して算定する。算定した税額に100円未満の端数があるときは，その端数金額を切り捨てる（地法52③，312④）。

【均等割額の月数按分の計算】

均等割の額（年額）×事務所等を有していた月数÷12（100円未満切捨）

　この場合における月数の算定は，暦に従って計算する。事務所等を有していた月数が１月に満たないときは１月とし，１月以上有している場合において１月に満たない端数が生じたときは切り捨てる。したがって，１年決算法人の事

業年度中の月の中途において事務所等を移転した場合には，端数処理により，均等割の年額が課されないケースもある（以下の事例を参照）。

■事例

(1)　当社の概要

① 資本金等の額　　5,000万円（資本金の額2,500万円，資本準備金の額2,500万円）

② 決算期　　　　　3月（1年決算法人）

③ 事務所等の所在地と所在していた期間

・千葉県船橋市　4月1日から8月15日まで（廃止時従業者数58人，期末従業者数0人）

・千葉県柏市　8月16日から3月31日まで（期末従業者数は60人）

※　千葉県，船橋市及び柏市の均等割については，標準税率が採用されている。均等割の標準税率の税率表は，第2章 Q4 参照

(2)　均等割の額の計算

① 道府県民税　50,000円（資本金等の額1,000万円超1億円以下の区分）

※　千葉県内での異動であり，事業年度中継続して千葉県に所在しているため，道府県民税については月数按分が生じない。

② 市町村民税　43,300円+87,500円=130,800円

・船橋市（資本金等の額1,000万円超1億円以下，かつ，従業者数50人以下（注1）の区分）

130,000円×4／12（注2）=43,300円（100円未満切捨）

・柏市（資本金等の額1,000万円超1億円以下，かつ，従業者数50人超の区分）

150,000円×7／12（注3）=87,500円

（注1）船橋市の事務所は期中で廃止しているため，期末従業員数は0人となる（廃止時点での人数58人では計算しない）。

（注2）4／1～8／15は4.5ヶ月であり，1月未満は切り捨てるため4ヶ月で按分。

（注3）8／16～3／31は7.5ヶ月であり，1月未満は切り捨てるため7ヶ月で按分。結果として，端数処理により市町村民税については11ヶ月分しか課税されない。

法人住民税の法人税割の概要と計算方法について教えてください。

Answer

① 法人住民税の法人税割の課税標準は法人税額であり，法人税割額は法人税額に一定の税率を乗じて計算する。

② 法人税割の計算において適用される税率は，地方税法に定める標準税率に基づき，都道府県及び市町村の条例により定められる。

③ 法人税割の計算においては，外国税額控除などの税額控除の制度がある。

■ 法人税割の概要（地法23①三，292①三）

　法人住民税の法人税割の課税標準は法人税額であり，法人税割額は法人税額に一定の税率を乗じて計算する。したがって，その事業年度において欠損金額が生じたこと等により法人税額が課されない法人については，法人税割についても課税が生じない。

② 法人税割の計算方法

　法人税割は，法人税額を課税標準として計算されるが，この場合の法人税額とは，法人税法の規定における所得税額控除額及び外国税額控除額等の控除前の金額となる（第2章Q10参照）。

　課税標準額は，法人税額から控除対象還付法人税額（法人税の計算において欠損金額の繰戻還付の規定を適用した場合における，当該欠損金額に対応する法人割額。第2章Q16参照）等の額を控除して計算する。

　これらの方法により計算した課税標準額に一定の税率を乗じて計算した税額から，外国税額控除などの税額控除額（第2章Q12参照）を控除した金額が法人税割額となる。

　法人税割の計算方法を算式にすると以下のとおりである。

【法人税割の計算】

$$
\left[\begin{array}{c} \text{法人税額} \\ \text{（注）} \end{array} - \begin{array}{c} \text{控除対象還付} \\ \text{法人税額等} \end{array} \right] \times \quad \text{税率} \quad - \quad \text{税額控除} \quad = \quad \text{法人税割額}
$$

（注）　法人税額は所得税額控除額及び外国税額控除額等の控除前の金額である。

3 法人税割の税率（地法51①，314の4①）

　法人税割の計算において適用される税率は，地方税法に定める標準税率に基づき，都道府県及び市町村の条例により定められる。標準税率は平成26年10月1日以後開始する事業年度の場合，道府県が3.2％，市町村は9.7％，令和元年10月1日以後開始する事業年度の場合，道府県が1％，市町村が6％である。

　なお，地方税法においては制限税率が定められており，平成26年10月1日以後開始する事業年度については道府県4.2％，市町村12.1％，令和元年10月1日以後開始する事業年度については道府県2％，市町村8.4％の税率を超えて法人税割を課すことはできない。

法人税割の課税標準について教えてください。

Answer

① 法人住民税の法人税割は，法人税法の規定に従って計算された法人税額がその課税標準となる。

② 課税標準となる法人税額は，法人税法上の所得税額控除や外国税額控除等を適用する前の法人税額であり，法人が実際に納付する法人税額とは異なる場合がある。

■ 法人税割の課税標準となる法人税額

法人税割の課税標準となる法人税額は，法人税法その他法人税に関する法令の規定によって計算した法人税額である。ただし，実際に納付することとなる法人税額（中間納付法人税額控除前の年税額）とは異なり，当該納付法人税額に一定の金額を加減算した金額がその課税標準となる。

② 課税標準額の計算（地法23①四，292①四，地法附則8①，②，⑤）

（1）法人税の納税額の計算

法人税の納税額の計算の流れは，以下の算式のとおりとなる。

Chart 法人税の納税額の計算順序

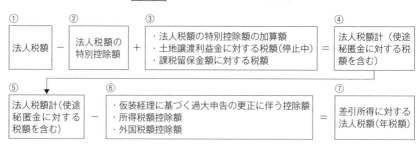

　法人税の計算は，所得金額に税率を乗じて計算した法人税額（①の金額）から租税特別措置法に定める各種の税額控除額（②の金額）を控除し，これに特別税額（③の金額…特別控除額の加算額・特定同族会社の課税留保金額に対する法人税額等）を加算する。当該加算後の金額は，法人税申告書別表一（一）において「法人税額計」として記載される（④の金額）。なお，使途秘匿金の支出に対する特別税額がある場合には，別表一（一）において「法人税額計」の額に外書きされる。

　法人税額計及び使途秘匿金の支出に対する特別税額の合計額から控除税額（⑥の金額…仮装経理に基づく過大申告があった場合の更正に伴う法人税額の控除額・所得税額控除額・外国税額控除額）を控除して納付すべき法人税の年税額（⑦の金額）が計算される。

（2）法人税割額の課税標準の計算

　法人税割の課税標準額である法人税額は，（1） Chart の④法人税額計を基礎として計算する。ただし，以下の金額については調整が必要となる。

　イ　法人税額計に加算する金額
- 試験研究を行った場合の法人税額の特別控除額（中小企業者等に係るものを除く）
- 国家戦略特別区域において機械等を取得した場合の法人税額の特別控除額
- 国際戦略総合特別区域において機械等を取得した場合の法人税額の特別控除額
- 地域経済牽引事業の促進区域内において特定事業用機械等を取得した場合の法人税額の特別控除額（中小企業者等に係るものを除く）
- 地方活力向上地域等において特定建物等を取得した場合の法人税額の特別控除額（中小企業者等に係るものを除く）
- 地方活力向上地域等において雇用者の数が増加した場合の法人税額の特別控除額（中小企業者等に係るものを除く）

・認定地方公共団体の寄附活用事業に関連する寄附をした場合の法人税額の特別控除額
・給与等の支給額が増加した場合の法人税額の特別控除額（中小企業者等に係るものを除く）
・認定特定高度情報通信技術活用設備を取得した場合の法人税額の特別控除額（中小企業者等に係るものを除く）
・事業適応設備を取得した場合等の法人税額の特別控除（中小企業者等に係るものを除く）

ロ　法人税額計から控除する金額

　なお，法人税額計を基礎として計算するため，法人税について課される延滞税，過少申告加算税，無申告加算税，重加算税は法人税割の課税標準には含まれない（地法23①四，292①四）。

Question 11

法人税割の税率について教えてください。

Answer

① 法人税割の税率は，地方税法において標準税率と制限税率が定められている。

② 都道府県及び市町村は，条例により標準税率を基準として制限税率の範囲内で独自の税率を定めることができる。

法人税割の税率は，地方税法において，道府県民税，市町村民税のそれぞれにつき標準税率と制限税率の2種類の税率が規定されている。

都道府県及び市町村は，地方自治の原則に従い，標準税率を基準としてそれぞれに定める条例により法人税割の税率を自由に制定することができる。ただし，地方税法に定める制限税率を超えることはできない。地方税法に定める法人税割の標準税率と制限税率は以下の表のとおりである（地法51①，314の4①）。

[Chart] 法人税割の税率

(1)平成26年10月1日以後に開始する事業年度の場合

区分	標準税率	制限税率
道府県民税	3.2%	4.2%
市町村民税	9.7%	12.1%

(2)令和元年10月1日以後に開始する事業年度の場合

区分	標準税率	制限税率
道府県民税	1.0%	2.0%
市町村民税	6.0%	8.4%

（注1）　東京都特別区については，道府県民税と市町村民税を併せて都民税として課税されるため，法人税割の税率についても異なる取扱いが定められている（第2章Q15参照）。

（注2）　(2)の令和元年10月1日以後開始事業年度における法人税割の税率は，消費税率10%への引上げに伴って行われた改正である（第2章Q23参照）。

法人税割の税額控除について教えてください。

Answer

① 法人住民税法人税割については，以下の税額控除制度が設けられている。
  ・外国税額控除
  ・仮装経理に基づく過大申告があった場合の更正に伴う法人税割の控除
  ・租税条約の実施に係る更正に伴う法人税割の控除
② 税額控除には，適用順序がある。

■ 外国税額控除（地法53㊳，321の8㊳）

内国法人が，国外源泉所得に対して外国の法令に基づき本邦の法人税又は地方税法人税割に相当する外国の法人税等が課された場合には，本邦と外国で二重課税が生じることから，その相当する外国の法人税等を，第一に法人税額から控除し，控除しきれない金額があるときは，第二に地方法人税（国税）から，第三に道府県民税法人税割から，第四に市町村民税法人税割から順次控除しきれるまで控除することができる。

（1）外国税額控除の概要

① 控除できる外国の法人税等の額（地令9の7①，法令141）

外国税額控除の対象となる外国の法人税等の額とは，外国の法令に基づき外国又はその地方公共団体により法人の所得を課税標準として課される税額をいう。

② 控除限度額

1 法人税の控除限度額（法法69①）

外国の法人税等の額は，次の算式により計算した控除限度額を限度として法人税額から控除することができる。

$$控除限度額 = その事業年度の法人税額 \times \frac{その事業年度の調整国外所得金額}{その事業年度の所得金額}$$

2　地方法人税の控除限度額（地法法12①）

　法人税から控除しきれなかった外国の法人税等の額は，次の算式により計算した控除限度額を限度として地方法人税（国税）から控除することができる。

$$控除限度額 ＝ その事業年度の地方法人税額 \times \frac{その事業年度の調整国外所得金額}{その事業年度の所得金額}$$

3　地方税法人税割の控除限度額（地令9の7⑥，48の13⑦）

　法人税及び地方法人税から控除しきれなかった外国の法人税等の額は，上記1で計算された法人税の控除限度額に法人税割の標準税率を乗じて計算した金額を控除限度額として法人税割額から控除することができる。また，標準税率を超えて適用される税率（超過税率）がある場合は，法人の選択により，当該超過税率を用いて計算した控除限度額とすることができる。

　なお，2以上の都道府県等に事務所等を有する法人は，分割課税標準にそれぞれに適用されるべき税率を乗じて計算した金額に相当する金額を控除限度額とする。

③　控除順序

外国の法人税等の額を②で計算した控除限度額に充当する順序（控除順序）は次のイ〜ニの順序である。

　イ　法人税

　ロ　地方法人税

　ハ　道府県民税法人税割

　ニ　市町村民税法人税割

（2）控除限度額及び外国法人税等の額の繰越

① 控除限度額の繰越（地令9の7⑦，48の13⑧）

　外国の法人税等の額が，その事業年度の控除限度額を超える場合で，当該事業年度開始の日前3年以内に開始した各事業年度に控除余裕額（各事業年度の控除対象外国法人税額が控除限度額に満たなかった場合のその満たない部分の金額）があるときは，これを限度として，その超える部分の金額をその事業年度の税額から控除することができる。この場合，控除余裕額は前3年以内の各

事業年度のうち最も古い事業年度のものから順次に，かつ次のイ～ハの順序で充てられる（前3年以内の各事業年度でこの規定により充てられた控除余裕額はないものとみなされる）。

 イ 法人税の控除余裕額

 ロ 道府県民税の控除余裕額

 ハ 市町村民税の控除余裕額

② 外国の法人税等の額の繰越（地令9の7②，48の13②）

 外国の法人税等の額が，その事業年度の控除限度額に満たない場合で，当該事業年度開始の日前3年以内に開始した各事業年度に控除限度超過額（外国の法人税等の額が国税，地方税の控除限度額及び上記①の控除余裕額を超えた場合のその超えた部分の金額）があるときは，その事業年度の控除限度額のうち満たない部分（控除余裕額）を限度として，控除限度超過額をその事業年度から控除することができる。この場合，控除限度超過額は前3年以内の各事業年度のうち最も古い事業年度のものから順次に次のイ～ハの順序で控除余裕額に充てられる（前3年以内の各事業年度でこの規定により充てた限度超過額はないものとみなされる）。

 イ 法人税の控除余裕額

 ロ 道府県民税の控除余裕額

 ハ 市町村民税の控除余裕額

■**事例**（単位：円）

【令和3年10月1日から令和4年9月30日までの事業年度】

1 前提

 ・課税所得 0

 ・法人税額 0

 ・地方法人税額 0

 ・調整国外所得金額 15,000（上記の課税所得には調整国外所得金額が含まれている）

 ・外国の法人税等の額 1,500

2　外国税額控除

　①　法人税

　　（イ）外国の法人税等の額　1,500

　　（ロ）控除限度額　0×15,000/0＝0

　　（ハ）外国税額控除額　（イ）＞（ロ）　∴0（繰越1,500）

　②　地方法人税

　　①と同様に控除限度額　0（控除額0）

　③　地方税法人税割

　　①の控除限度額が0のため控除限度額0（控除額0）

【令和4年10月1日から令和5年9月30日の事業年度】

1　前提

　・課税所得　60,000

　・法人税額　9,000

　・地方法人税額　927

　・調整国外所得金額　20,000（上記の課税所得には調整国外所得金額が含まれて
　　いる）

　・外国の法人税等の額　2,000

　・法人税割の税率は標準税率（道府県民税1％，市町村民税6％）が適用されてい
　　るものとする

2　外国税額控除

　1）当期の外国の法人税等の額に係る計算

　　①　法人税

　　　（イ）外国の法人税等の額　2,000

　　　（ロ）控除限度額　9,000×20,000/60,000＝3,000

　　　（ハ）外国税額控除額　（イ）＜（ロ）　∴2,000

　2）前期より繰越された外国の法人税等の額（限度超過額）に係る計算

　　①　法人税

　　　（イ）限度超過額　1,500

　　　（ロ）控除余裕額　1,000（＝3,000－2,000）

　　　（ハ）外国税額控除　（イ）＞（ロ）　∴1,000

② 地方法人税

地方法人税の控除限度額は当期の外国の法人税等の額にのみ充てられるため，計算されない。

③ 地方税法人税割（道府県民税法人税割）

(イ) 限度超過額　500（＝1,500－1,000）

(ロ) 控除余裕額　3,000×1％＝30

(ハ) 外国税額控除　(イ) ＞ (ロ)　∴30

④ 地方税法人税割（市町村民税法人税割）

(イ) 限度超過額　470（＝500－30）

(ロ) 控除余裕額　3,000×6％＝180

(ハ) 外国税額控除　(イ) ＞ (ロ)　∴180

⑤ 翌期繰越　限度超過額　290（＝470－180）

---

2 仮装経理に基づく過大申告があった場合の更正に伴う法人税割の控除

　内国法人の各事業年度の開始の日前に開始した事業年度の法人税につき，減額更正があった場合で，当該減額更正により減額される部分のうち事実を仮装して経理した事実に基づくもの（以下「仮装経理法人税割額」という）については，各事業年度の法人税割額から，還付又は充当すべきこととなった金額を除き，控除する（地法53㊾・㊴〜㊿，321の8㊾・㊴〜㊿）。

　なお，仮装経理法人税割額の還付又は充当は次の場合に行われる。

イ　更正の日の属する事業年度開始の日から5年を経過する日の属する事業年度等の申告書の提出期限が到来した場合（地法53㊽，地法321の8㊽）

ロ　イの場合において，申告書の提出期限後に当該申告書の提出があった場合又は当該申告書に係る事業年度の法人税割について決定があった場合（地法53㊽，321の8㊽）

ハ　更正の日の属する事業年度以後において会社更生法等に基づく更生手続開始の決定等があったことにより還付の請求を行う場合において，その請求に理由がある場合（地法53㊻〜㊿，321の8㊻〜㊿）

❸ 租税条約の実施に係る更正に伴う法人税割の控除

　取引相手国において移転価格税制が適用されたことにより法人税額の更正が行われた場合において，法人税割額について還付すべき金額が生じたときは，その還付すべき金額を，更正の日の属する事業年度から1年以内に開始する各事業年度の法人税割額から控除する（地法53㊿，321の8㊿）。

法人税割の分割基準について教えてください。

① 2以上の都道府県又は市町村に事務所等を有する法人は，その課税標準の総額をそれぞれの都道府県又は市町村ごとに分割（配分）して，各都道府県又は市町村に納める法人税割額を計算する。

② 分割の計算は，事務所等で勤務する従業者の数により行う。

■ 分割基準の概要

法人住民税の法人税割は，法人の事務所等が所在する都道府県又は市町村に課税権がある。このため，法人が2以上の都道府県又は市町村において事務所等を設けて事業を行っている場合には，その事務所等が所在する都道府県又は市町村の間で課税権の調整が必要となる。都道府県又は市町村の間の課税権の調整は，課税標準額の総額をそれぞれの都道府県又は市町村に分割（配分）することで図られるが，その額を分割する際に用いられる基準を分割基準という。また，このように課税標準の分割が必要となる法人を分割法人という。

■ 計算方法

（1）課税標準の分割の計算

法人税割の課税標準の総額を都道府県又は市町村に分割（配分）する計算の基礎となる分割基準は，分割法人の事務所等における従業者の数である（地法57②，321の13②）。具体的には以下の算式により計算を行う。

【課税標準の分割の計算】

$$\frac{課税標準となる法人税額（総額）}{事務所等の従業者の総数} \times その都道府県又は市町村に所在する事務所等の従業者の数$$

(2) 計算上の留意点

（1）の算式のうち，「課税標準となる法人税額（総額）／事務所等の従業者の総数」の計算結果に小数点以下の端数がある場合，当該小数点以下の数値のうち，「事務所等の従業者の総数」の桁数に「1」を加えた数の位以下の数値を切り捨てる。

具体的には，従業者の総数が80人の場合は，小数点3位以下の数値を切り捨てることになる（2（桁）＋1＝3）。

■事例

1　前提

・課税標準である法人税額　16,000,000円

・営業所　①東京本社　②大阪支社（いずれも所在月数は12ヶ月）

・従業者数　①東京本社20人　②大阪支社10人（事業年度を通じて人数の増減はない）

2　課税標準の分割の計算

① 16,000,000（千円未満切捨）÷30人（従業者総数）＝533,333.$^{3333\cdots}$

→533,333.^{33}円（小数点3位以下切捨）

② 東京本社533,333.^{33}円×20人＝10,666,666円

→10,666,000円（千円未満切捨）

③ 大阪支店533,333.^{33}円×10人＝5,333,333円

→5,333,000円（千円未満切捨）

※ ②及び③の金額に対し，各都道府県及び市町村の条例で定める税率を適用して法人税割額を計算する。

---

3 従業者の数の計算

(1) 従業者の意義（地規6の2の2①）

従業者とは，事務所等に勤務すべき者で，俸給，給料，賃金，手当，賞与その他これらの性質を有する給与（退職金等一定の給与を除く）の支払いを受けるべき者をいう。従業者は，常勤，非常勤の区分を問わない。したがって非常

勤の役員であっても，従業者に含まれることになる。

（2）従業者の数の算定日

　分割基準となる従業者の数は，その事務所等の法人税額の課税標準の算定期間（法人の事業年度。以下「算定期間」という）末日における従業者の数となる。ただし，算定期間の中途において事務所等を新設又は廃止した場合及び算定期間を通じて従業者の数に著しい変動がある場合には，従業者の数について特例計算がある。なお，均等割の計算における従業者数の算定方法との差異については第2章Q7参照。

（3）従業者の数の特例計算（新設・廃止・著しい変動）

　次の①～③に該当する場合においては，それぞれに掲げる算式により計算した人数を，法人税割の分割基準の計算における従業者の数とする（地法57③，321の13③）。

①　算定期間の中途において，事務所等を新設した場合

$$\text{法人税割の分割基準の計算上の従業者の数} = \text{算定期間終了の日時点の従業者の数} \times \frac{\text{事務所等が新設された日から当該算定期間末日までの月数}}{\text{当該算定期間の月数}}$$

②　算定期間の中途において，事務所等を廃止した場合

$$\text{法人税割の分割基準の計算上の従業者の数} = \text{廃止の日の属する月の前月末日時点の従業者の数} \times \frac{\text{事務所等が当該算定期間中に所在していた月数}}{\text{当該算定期間の月数}}$$

③　算定期間を通じて従業者の数に著しい変動（注1）がある場合

$$\text{法人税割の分割基準の計算上の従業者の数} = \frac{\text{その算定期間に属する各月末日における従業者の数の合計数}}{\text{その算定期間の月数}}$$

（注1）著しい変動とは，算定期間中の各月末の従業者の数が，最大のものと最小のものとで，その値に2倍を超える差異がある場合をいう。

（注2）計算上，1人に満たない端数が生じたときは，1人とする。

（注3）月数は暦に従って計算するものとし，1月に満たない端数を生じたときは，1月とする。

■事例

1　算定期間の中途において，事務所等を新設した場合

① 前提

・事業年度　X1年4月1日からX2年3月31日まで

・A支店の事業年度終了時点の従業者数　50人

・A支店の開設年月日　X1年12月20日

② A支店の分割基準における従業者の数の計算式

50人×4月※／12月＝16.666…人→17人（1人未満の端数は1人）

※ X1年12月20日からX2年3月31日

∴3ヶ月と12日→4月（1月未満の端数は1月）

2　算定期間の中途において，事務所等を廃止した場合

① 前提

・事業年度　X1年4月1日からX2年3月31日まで

・B支店のX1年10月31日時点の従業者数　70人

・B支店の廃止年月日　X1年11月18日

② B支店の分割基準における従業者の数の計算式

70人×8月※／12月＝46.666…人→47人（1人未満の端数は1人）

※ X1年4月1日からX2年11月18日

∴7ヶ月と18日→8月（1月未満の端数は1月）

3　算定期間を通じて従業者の数に著しい変動がある場合

① 前提

・事業年度　X1年4月1日からX2年3月31日までの1年間

・C支店の各月の月末における従業者の数

（単位：人）

4月	5月	6月	7月	8月	9月	10月	11月	12月	1月	2月	3月	合計
35	37	36	37	38	38	68	71	71	72	72	74	649

※　最小月　4月…35人　最大月　3月…74人
　　35×2＝70＜74　∴従業者の数の著しい変動あり
② C支店の分割基準における従業者の数の計算式
　　649人/12月　＝　54.0833…人→55人（1人未満の端数は1人）

（4）従業者の数の特例計算の優先順位

　同一算定期間中において，（3）①〜③の事由に重複して該当する場合には以下の優先順位で計算を行う。

Chart 従業者の数の特例計算の優先順位

第1順位　算定期間を通じて従業者の数に著しい変動がある場合
第2順位　算定期間の中途において，事務所等を廃止した場合
第3順位　算定期間の中途において，事務所等を新設した場合

Question 14

法人税割の分割基準の計算方法について事例を用いて教えてください。

Answer

① 法人税割の課税標準の分割の計算は，分割法人の事務所等の従業者の数に応じて按分計算される。

② 事務所等の新設・廃止及び従業者の数の著しい変動があった場合には，従業者の数について特例計算がある。

■ 前提

(1) 事業年度 X1年4月1日 ～ X2年3月31日

※令和元年10月1日以後開始事業年度

(2) 法人税額 200,000,500円

(3) 事業所の状況

事業所	期末従業者数	所在地	備考
① 東京本社	215人	東京都千代田区	所在地の異動はない
② 大阪支店	12人	大阪府大阪市	X1年10月20日新設
③ 名古屋支店	0人	愛知県名古屋市	X2年2月10日廃止
合 計	227人	－	－

(注) 名古屋支店のX2年1月31日現在の従業者数は25人

② 分割基準の計算

(1) 各事業所の従業者の数

① 東京本社 215人

② 大阪支店 12人×6月（注1）／12月＝6人

③ 名古屋支店 25人（注2）×11月（注1）／12月＝22.$^{9166\cdots}$

→23人（1人未満は1人）

(注1) 1月未満の端数は切上

(注2) 廃止日の前月末日の人数

④　合計　215人＋6人＋23人＝244人（分割基準上の従業者の総数）

（2）課税標準額の分割の計算

①　200,000,000円（千円未満切捨）　÷　244人（従業者総数）

　＝819,672.$^{1311…}$⇒819,672.^{131}（小数点4位以下切捨※）

　　※ 端数処理の方法は第2章Q13**2**（2）参照

②　東京本社　819,672.^{131}円×215人＝176,229,508円

　　　　　　　　⇒176,229,000円

③　大阪支店　819,672.^{131}円×6人＝4,918,032円

　　　　　　　　⇒4,918,000円

④　名古屋支店　819,672.^{131}円×23人＝18,852,459円

　　　　　　　　⇒18,852,000円

（3）税額の計算

①　東京本社　176,229,000×10.4％＝18,327,816円

　　　　　　　　⇒18,327,800円（百円未満切捨）

②　大阪支店

・大阪府　　4,918,000×2％＝98,360円

　　　　　　　⇒98,300円（百円未満切捨）

・大阪市　　4,918,000×8.2％＝403,276円

　　　　　　　⇒403,200円（百円未満切捨）

③　名古屋支店

・愛知県　18,852,000×1.8％＝339,336円

　　　　　　　⇒339,300円（百円未満切捨）

・名古屋市　18,852,000×8.4％＝1,583,568円

　　　　　　　⇒1,583,500円（百円未満切捨）

（注）それぞれの適用税率は，各地方団体の条例において実際に定められているものを用いている。

Question 15

事業所等の所在地が東京都にある場合の法人税割の計算について教えてください。

Answer

① 東京都に事務所等を有する法人は，道府県民税に相当する金額は都民税として課税される。

② 東京都の特別区（23区）に事務所等を有する法人については，当該特別区の各区を一の市とみなし，それぞれの区において市町村民税に相当する金額が都民税として課税される。

③ 東京都の特別区以外の区域（市町村）に事務所等を有する法人は，他の道府県と同様に，市町村においては市町村民税が課される。

🔳 東京都の特例計算の概要

　東京都に事務所等を有する法人は，地方税法における特別の定めにより，道府県民税に相当する金額は都民税として課税される。また，東京都の特別区（23区）に事務所等を有する法人は，当該特別区の各区を一の市とみなし，それぞれの区において市町村民税に相当する金額が都民税として課税される。つまり，特別区に事務所等を有する法人は道府県民税相当額と市町村民税相当額を合算して都民税として課税される。

　これに対して東京都の市町村に事務所等を有する法人は，道府県税相当額を都民税として課税され，市町村においては，他の道府県と同様に市町村税が課税される（地法734）。

🔳 都民税の法人税割の税率

　東京都は，都民税の法人税割の税率において超過税率（地方税法に定める標準税率を超えて定める税率）を採用しているが，資本金又は出資金の額が1億円以下で，かつ，課税標準である法人税額が年1,000万円以下の法人について

は，標準税率を適用する。このように，資本金の額等の大きさによって異なる税率を適用することを不均一課税という。東京都においては，標準税率で課税される法人を不均一課税適用法人という。

都民税の法人税割の税率をまとめると次の表のとおりとなる。

Chart 適用される課税制度の区分

法人の区分			適用税率
資本金又は出資金の額が 1 億円超		超過税率が適用される法人	超過税率
資本金又は出資金の額が1億円以下	課税標準の法人税額（注）が年1,000万円超		
	課税標準の法人税額（注）が年1,000万円以下	不均一課税適用法人	標準税率

（注）　2以上の都道府県又は市町村に事務所等を有する法人については分割前の総額

Chart 適用される税率の区分

(1)平成26年9月30日までに開始する事業年度の場合

所在地の区分	標準税率	超過税率
特別区(23区内)に事務所等がある法人	17.3% （道府県民税相当分 5%＋市町村民税相当分 12.3%）	20.7% （道府県民税相当分 6% ＋市町村民税相当分 14.7%）
市町村に事務所等がある法人	5%	6%

(2)平成26年10月1日以後に開始する事業年度の場合

所在地の区分	標準税率	超過税率
特別区(23区内)に事務所等がある法人	12.9% （道府県民税相当分 3.2%＋市町村民税相当分 9.7%）	16.3% （道府県民税相当分 4.2%＋市町村民税相当分 12.1%）
市町村に事務所等がある法人	3.2%	4.2%

（3）令和元年10月1日以後に開始する事業年度の場合

所在地の区分	標準税率	超過税率
特別区（23区内）に事務所等がある法人	7.0% （道府県民税相当分 1%＋ 市町村民税相当分 6%）	10.4% （道府県民税相当分 2% ＋ 市町村民税相当分 8.4%）
市町村に事務所等がある法人	1%	2%

（注）　（3）の令和元年10月1日以後開始事業年度における法人税割の税率は，消費税率10%への引上げに伴って行われた改正である（第2章Q23参照）

3 特別区と市町村のいずれにも事務所等がある場合の計算

　東京都の特別区と市町村のいずれにも事務所等がある場合の都民税法人税割の計算は，特別区分の課税標準と市町村分の課税標準にそれぞれ異なる税率を乗じて計算することになる。

■事例

1　前提

・本社の所在地　東京都品川区（期末従業者の数60人）

・営業所の所在地　東京都八王子市（期末従業者の数30人）

・課税標準である法人税額　1,800万円

・資本金の額　3,000万円

・事業年度　令和4年4月1日から令和5年3月31日までの1年間

2　課税標準の分割

①　18,000,000円÷90人（従業者数の総数）＝200,000円

②　品川区　　200,000円×60人＝12,000,000円

③　八王子市　　200,000円×30人＝6,000,000円

3　都民税法人税割の計算

①　特別区分の税額　12,000,000円×10.4%（注1）＝1,248,000円

②　市町村分の税額　6,000,000円×2%（注1）＝120,000円

③　都民税法人税割の合計　①＋②＝1,368,000円

（注1）課税標準の法人税額が1,000万円超のため超過税率が適用される。

4 八王子市の市町村民税の計算

6,000,000円×6.0%（注2）＝360,000円

（注2）八王子市は資本金の額が1億円以下の法人について標準税率が適用される。

Question 16

法人税法に規定する欠損金の繰戻還付の適用があった場合における，法人税割の計算方法について教えてください。

Answer

① 法人税の計算上，青色申告書である確定申告書を提出する事業年度において欠損金額が生じており，かつ，当該事業年度開始の日前１年以内に法人税が生じている場合には，当該欠損金額に対応する法人税額の還付を請求することができる制度がある（欠損金の繰戻し還付制度）。

② 法人税法における欠損金の繰戻し還付制度は法人住民税の計算においては適用がないため，法人税の計算において繰戻し還付の適用を受けた場合には，当該還付を受けた法人税額を10年間（平成30年３月31日以前に開始した事業年度については９年間）にわたって繰り越し，法人税割の課税標準となる法人税額から控除することができる。

■ 法人税法における還付請求額の計算

法人税法においては，青色申告書である確定申告書を提出する事業年度に欠損金額が生じており，かつ，当該事業年度開始の日前１年以内に開始したいずれかの事業年度（還付所得事業年度）に法人税額が生じている場合には，当該法人税額について，次の算式により計算した金額の還付を請求することができる（法法80）。

【還付請求額の計算】

$$還付請求額 = 還付所得事業年度の法人税額 \times \frac{欠損金額（分母の金額を限度）}{還付所得事業年度の所得金額}$$

なお，法人税法における欠損金の繰戻し還付の適用を受けることができる法人は，中小法人等その他一定の法人に限られる（措法66の12）。中小法人等とは，期末資本金の額又は出資金の額が１億円以下の法人で，資本金の額又は

出資金の額が5億円以上である法人等による完全支配関係（直接又は間接の100%の保有関係）がある法人以外の法人をいう。

❷ 欠損金の繰戻し還付の適用を受けた場合の法人税割の計算
（1）繰越控除

　法人税の計算において欠損金の繰戻し還付の適用を受けた場合には，計算の基礎となった欠損金額は使用済みとなり，欠損金額の繰越控除の適用対象とならない（欠損金額の繰越控除の取扱いは第3章Q4参照）。しかし，法人住民税の法人税割の計算においては，法人税法における欠損金の繰戻し還付に相当する制度は設けられていないため，何ら手当を行わないと，法人税の計算において使用済みとなった欠損金額に対応する税額が法人税割額から控除されないこととなる。そこで，法人税の計算において欠損金の繰戻し還付の適用を受けた場合は，法人税割の計算上，当該還付を受けた法人税額（以下「控除対象還付法人税額」という）を，翌事業年度以後の法人税割の課税標準額から控除する制度が設けられている。繰越期間は法人税における欠損金の繰越控除と同じ10年間（平成30年3月31日以前に開始した事業年度については9年間）である（地法53㉓，321の8㉓）。

（2）法人税法における繰越欠損金の控除制限との関係

　平成24年4月1日以後開始する事業年度においては，法人税額の計算上，法人税の課税所得から控除できる欠損金額は，中小法人等一部の法人を除いて，欠損金額控除前の所得金額に一定割合を乗じて計算した金額までに制限されている（第3章Q4参照）。

　ただし，法人税割の計算における控除対象還付法人税額の繰越控除については，このような制限に相当する規定が設けられていないため，繰越控除適用前の課税標準額よりも控除対象還付法人税額が大きい場合は，課税標準額の全額を控除することが可能となる。

■事例

　当社は東京都千代田区に所在する資本金1,000万円の法人であり，株主はすべて個人である。当社のX1期〜X5期における所得金額又は欠損金額の発生状況及び法人税と法人税割の納付状況は次のとおりである。なお，解説の便宜上，X1期からX5期について適用される税率は，法人税の税率（課税所得年800万円以下の軽減税率）を15%，都民税法人税割の税率を7.0%とする。

事業年度	所得金額	法人税			住民税法人税割		
		繰越欠損金		税額	控除対象還付法人税額		税額
X1期	1,000	−		150	−		10.5
X2期	▲2,500	使用額	▲1,000	0	使用額	−	0
		繰越額	▲1,500		繰越額	▲150	
X3期	800	使用額	▲800	0	使用額	0	0
		繰越額	▲700		繰越額	▲150	
X4期	1,000	使用額	▲700	45	使用額	▲45	0
		繰越額	0		繰越額	▲105	
X5期	800	使用額	0	120	使用額	▲105	1.05
		繰越額	−		繰越額	−	

【X1期】

1　法人税

　税額　1,000×15%（軽減税率）＝150

2　住民税

　税額　150×7.0%（都民税の標準税率）＝10.5

【X2期】

1　法人税

　① 課税標準等　当期に生じた欠損金額のうち1,000を使用し繰戻還付の適用を受ける。欠損金額の残額1,500をX3期に繰り越す。

　② 税額　繰戻還付の適用により，X1期の法人税額150の還付を受ける。

　　※還付請求額の計算

　　150（X1期の法人税額）×1,000（X2期の欠損金額（分母の額を限度））／1,000（X1期の所得金額）＝150（還付請求額）

　なお，このほか地方法人税についても繰戻還付の適用があるが，住民税の計

算への影響はないため，記載は省略する。

2　住民税

　①　課税標準等　控除対象還付法人税額（150）をＸ３期に繰り越す。

　②　税額　住民税に繰戻還付の適用はないため，還付税額は生じない。

【Ｘ３期】

1　法人税

　①　課税標準等　800（所得金額）＜1,500（繰越欠損金）∴所得金額から800
　　を控除し，残額の700はＸ４期に繰り越す。

　②　税額　（800－800）×15％＝0

2　住民税

　①　課税標準等　0＜150（控除対象還付法人税額）∴控除すべき課税標準はない
　　ため150をそのままＸ４期に繰り越す。

　②　税額　課税標準がないため，0

【Ｘ４期】

1　法人税

　①　課税標準等　1,000（所得金額）＞　700（繰越欠損金＝1,500－800）
　　∴所得金額から700を控除。すべて使用済となるためＸ５期に繰り越す欠損金
　　額はない。

　②　税額　（1,000－700）×15％＝45

2　住民税

　①　課税標準等　45＜150（控除対象還付法人税額）　∴法人税額から45を控除
　　し，残額の105はＸ５期に繰り越す。

　②　税額　課税標準がないため，0

【Ｘ５期】

1　法人税

　①　課税標準等　800（所得金額）※控除できる繰越欠損金はない

　②　税額　800×15％＝120

2　住民税

　①　課税標準等　120＞105（控除対象還付法人税額＝150－45）∴法人税
　　額から105を控除。すべて使用済となるためＸ６期に繰り越す控除対象還付法
　　人税額はない。

② 税額　（120 − 105）× 7.0% = 1.05

---

3 申告要件

　控除対象還付法人税額の控除は，当該控除対象還付法人税額の計算の基礎となった欠損金額が生じた事業年度以後の事業年度において，連続して法人住民税の確定申告書を提出している場合に限り，適用される（地法53㉕，321の8㉕）。

連結納税制度を適用している場合の法人住民税の計算上の留意点について教えてください。

Answer

① 連結納税制度とは，100%支配関係にある法人のグループを1つの納税主体と考え，グループ全体で課税標準を計算し，法人税を課税する制度である。

② 連結納税は法人税にのみ適用される制度であるため，連結納税を適用している場合においても，法人住民税は個々の法人ごとに計算を行う。

③ 法人住民税の法人税割は「法人税額」が課税標準であるが，連結納税を適用している場合には，「個別帰属法人税額」が課税標準となる。

④ 令和4年4月1日以後開始事業年度から連結納税制度は廃止されグループ通算制度に移行する。

◼ 連結納税制度の概要

(1) 制度の概要

連結納税制度とは，内国法人及びその内国法人との間に完全支配関係（直接・間接の100%資本関係）のある他の内国法人を1つのグループとし，当該グループを1つの納税主体として法人税を課税する制度である。当該グループの頂点にある連結親法人がまとめて申告及び納税を行う。連結納税制度は，法人の申請に基づいて適用される制度であり，選択をした場合には，完全支配関係のあるすべての法人について適用される（一部の法人だけを除外することはできない）。

(2) 連結所得に対する法人税の計算方法

連結納税制度を適用した場合の法人税の課税標準は連結所得である。連結所得は，各連結法人の所得金額及び欠損金額を合算することで計算される。したがって，連結納税を適用するグループの中に黒字の法人と赤字の法人があれ

ば，これらを相殺して課税標準を計算することになり，この場合にはグループ全体の税額を軽減する効果がある。

Chart　連結法人税の計算の概要

連結親法人Ａ社（所得1,000），連結子法人Ｂ社（欠損▲200）の場合

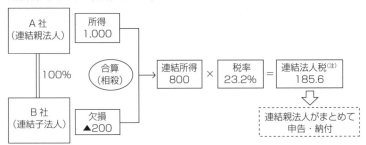

（注）　平成26年10月1日以後に開始した事業年度については，このほか地方法人税（第2章Q23参照）が課される。

❷ 連結納税制度を適用する場合の法人税割の計算

（1）計算方法の概要

連結納税制度は法人税のみに適用される制度であり，連結納税を適用している場合においても，法人住民税は個々の法人ごとに計算し，それぞれ申告を行う。この場合の各法人の法人税割の課税標準額であるが，連結法人税は，グループ全体を納税主体として計算されているため，連結法人税額自体は各法人の課税標準額とはなり得ない。そこで，法人税法においては連結法人税についてそれぞれ各法人に帰属する法人税額の配分方法を定めており，法人税割の課税標準は当該帰属額を基礎として計算される。当該法人税割の課税標準となる金額を「個別帰属法人税額」という。

（2）個別帰属法人税額の計算

①　法人税法に定める個別帰属額の計算

法人税法に定める各法人の法人税額の個別帰属額は，個別所得金額又は個別欠損金額に法人税の税率を乗じて計算する。上記Chartの具体例であれば，以下のとおりである。

■事例

【法人税法に定める個別帰属額】

・A社　1,000×23.2%＝232

・B社　▲200×23.2%＝▲46.4

※　A社が中小法人の軽減税率を適用する法人の場合には，連結法人税額に連結所
得金額のうちに個別所得金額の占める割合を乗じて計算した金額を各法人に配
分する。

---

② 法人住民税における個別帰属法人税額の計算

　法人住民税の課税標準となる個別帰属法人税額の計算方法は，次の区分に応
じてそれぞれに定める金額となる。

Chart 法人税住民税における個別帰属法人税額

・調整前個別帰属法人税額がプラスの場合

| 個別帰属法人税額　＝　調整前個別帰属法人税額 |

・調整前個別帰属法人税額がマイナスの場合

| 個別帰属法人税額　＝　0 |

（注1）調整前個別帰属法人税額は，以下のようになる。

　・上記①の法人税法に定める帰属額がプラスの場合

| 当該プラスの金額　＋　所得税額控除等の金額 |

　・上記①の法人税法に定める帰属額がマイナスの場合

| 所得税額控除等の金額　－　当該マイナスの金額 |

（注2）個別帰属特別控除取戻税額等（使途秘匿金の特別税額など租税特別措置法
の規定により法人税額に加算する金額）がある場合には異なる取扱いとなる。

③ 控除対象個別帰属調整額等がある場合

　法人住民税の計算上，「控除対象個別帰属調整額」又は「控除対象個別帰属税
額」がある場合には，②の個別帰属法人税額から当該金額を控除した金額が法
人住民税の課税標準額となる（控除対象個別帰属調整額及び控除対象個別帰属
税額の取扱いについては第2章Q18参照）。

❸ 連結納税制度の廃止

　令和2年度税制改正により令和4年4月1日以後開始事業年度から連結納税制度は廃止される。連結納税制度適用法人は，取り止めの手続きを行わない限り，そのままグループ通算制度へと移行する（グループ通算制度の概要はQ19を参照）。

連結納税制度適用時において当期に欠損金額が生じた場合や前期以前からの繰越欠損金がある場合の，法人税割の計算上の留意点について教えてください。

Answer

① 連結納税を適用する場合，当期に生じた欠損金額や前期以前の繰越欠損金を他の法人の所得金額と相殺するケースがある。この場合においても，法人税割はその相殺がされなかったものとして個々の法人ごとに計算を行う。

② 欠損金額を他の法人の所得金額と相殺すると，法人税の計算上，当該欠損金額は使用済となる。この場合に，法人税割の計算上何ら手当をしないと，当該欠損金額に対応する税額相当額について法人税割額から控除されないままとなる。

③ このようなケースに対応するため，「控除対象個別帰属税額」及び「控除対象個別帰属調整額」という取扱いが設けられている。

■1 法人税割の計算における欠損金額相当の取扱い

（1）欠損金額に関する法人税割の課題

　連結納税制度導入の最も大きなメリットは，当期に生じた欠損金額や前期以前の繰越欠損金を他の法人の所得金額と相殺し，連結納税を適用するグループ全体の法人税額を軽減できることにある。ただし，連結納税は法人税の計算のみに適用される制度であるため，法人税割の計算は，その相殺がされなかったものとして個々の法人ごとに計算を行う。

　連結法人税の計算において，連結法人間で所得金額と欠損金額の相殺が行われた場合，当該欠損金額は使用済みとなる。つまり，翌期以後の所得金額から相殺されることはない。このような計算方法であることから，仮に，当該相殺された欠損金額に関して，法人税割の計算上何ら手当を行わないと，当該欠損金額に対応する税額相当額について法人税割額から控除されないままとなる。

以下，具体的な数値を用いて確認する。

（2）欠損金額について何の手当もしない場合の法人税割の計算

■事例

1　前提

　1期目　連結親法人A社（所得1,000），連結子法人B社（欠損▲200）

　2期目　連結親法人A社（所得1,000），連結子法人B社（所得500）

　法人税の税率はそれぞれ23.4%

2　計算

　①　1期目

　　（イ）　A社個別帰属法人税額　1,000×23.2%＝232

　　→　法人税割の課税

　　（ロ）　B社個別帰属法人税額　▲200×23.2%＝▲46.4

　　→　法人税割の課税なし（注1）

　　（注1）A社と相殺はできない。

　②　2期目

　　（イ）　A社個別帰属法人税額　1,000×23.2%＝232

　　→　法人税割の課税

　　（ロ）　B社個別帰属法人税額　500×23.2%＝116

　　→　法人税割の課税（注2）

　　（注2）　2期目におけるB社の所得500は1期目の欠損金額が控除されていない
　　　　　　ため，個別帰属法人税額をそのまま法人税割の課税標準とすると，法人税
　　　　　　割の計算においては，1期目，2期目ともに欠損金額を控除できていないこ
　　　　　　とになる。

　具体例において，1期目の連結法人税の計算上，B社は欠損金額▲200がA
社の所得金額1,000と相殺されており，この時点で欠損金額は使用済みとな
る。したがって，2期目における連結法人税は，連結所得1,500を課税標準と
して課税される。つまり，B社の欠損金額は2期目の連結所得1,500からは控
除されない。この場合，法人税割の計算において何ら手当を行わないと，B社

は1期目に課税なし，2期目に500の所得に係る法人税に対して課税となり，▲200の欠損金額の控除を行うことのないまま課税が終了してしまうことになる。

（3）法人税割における欠損金額に関する手当

　連結納税制度の適用により，（2）の具体例のような不整合が生じないように，欠損金額を他の法人と相殺した場合には，当該金額に係る法人税額相当を翌期以後の法人税割額から控除できるように手当されている。以下，上記（2）の具体例についてB社のみで確認する。

■事例

1　1期目
　　B社個別帰属法人税額　▲200×23.2％＝▲46.4→法人税割の計算上，翌期以後に繰越

2　2期目
　　①　B社個別帰属法人税額　500×23.2％＝116
　　②　B社住民税の課税標準
　　　　$116 - 46.4 = 69.6$
　　　　　　　　↑
　　　　繰り越された税額相当を控除して法人税割の課税標準額を計算

　1期目において生じた欠損金額に係る法人税額相当額を法人住民税に係る欠損金額相当額として，翌期以後に繰り越す。当該繰越額を翌期の個別帰属法人税額から控除することで，繰越欠損金額を控除したことと同じ効果を得ることができる。当該繰越額を，「控除対象個別帰属税額」という。

（4）連結子法人において切り捨てられた欠損金の取扱い

　連結納税を適用した場合には，原則として連結親法人以外の法人はその連結納税の適用開始時又はその後の連結グループへの加入時に繰越欠損金が切り捨てられ，連結グループに持ち込むことはできない。この場合においても，当該欠損金額が切り捨てられたままでは，法人税割の計算において欠損金額に対応

する税額相当の控除を行うことができないため，（3）の具体例と同様の手当
を行う必要が生じる。連結子法人において切り捨てられた欠損金額に相当する
税額を「控除対象個別帰属調整額」という。

（5）法人税割額から控除できる金額のまとめ

　法人税割額から控除することのできる欠損金額に対応する税額相当額につい
てその内容をまとめると以下のとおりとなる。

Chart 法人税割額から控除できる金額

区分	内容
①控除対象個別帰属税額	連結納税適用期間中において生じた調整前個別帰属法人税額（第2章 Q17 参照）がマイナスとなる場合の当該マイナスの金額（個別帰属特別控除取戻税額等（（第2章 Q17 参照）がある場合には当該金額を加算した場合においてもマイナスとなる場合の，当該マイナスの金額）。
②控除対象個別帰属調整額	連結納税適用前の欠損金額に法人税の税率（注）を乗じて計算した金額。ここで連結納税適用前の欠損金額とは，連結納税適用時に切り捨てられた欠損金額をいう（連結納税制度開始時に持ち込み可能な連結納税適用前の連結親法人の欠損金額を他の法人に使用したことにより生じる繰越額は①の控除対象個別帰属税額となる）。

（注）　最初連結事業年度終了の日における法人税の税率を使用して計算する。

2 控除対象個別帰属税額等の取扱い

（1）繰越期間

　控除対象個別帰属税額及び控除対象個別帰属調整額は，法人税法における欠
損金額と同様に，その生じた事業年度の翌事業年度開始の日から10年間(注)
控除することができる。

（注）　平成30年3月31日以前に開始する事業年度については9年間とされる。

(2) 法人税法における繰越欠損金の控除制限との関係

　法人税の計算における欠損金額の繰越控除の規定は，中小法人等一定の法人を除き，繰越控除前の所得金額に一定の割合（第3章Q4参照）を乗じて計算した金額を限度として控除するが，控除対象個別帰属税額及び控除対象個別帰属調整額についてはこのような制限はなく，繰越控除前の法人住民税の額の100%を控除することができる。

Question 19

　グループ通算制度を適用している場合の法人住民税の計算上の留意点について教えてください。

Answer

① 　グループ通算制度とは連結納税制度の見直しにより創設された制度であり，令和4年4月1日以後開始事業年度から適用される。
② 　グループ通算制度は完全支配関係にある企業グループ内の損益通算等を可能とする連結納税制度の枠組みを維持しながら，各法人を納税単位とする簡素な仕組みに見直されている。
③ 　グループ通算制度は法人税にのみ適用される制度であるため，法人税割の課税標準となる法人税額の算定について，損益通算等の影響を考慮した調整が必要となる。

---

1 グループ通算制度の概要

（1）制度の概要

　グループ通算制度は，既存の連結納税制度を見直すことにより創設された制度である。連結納税制度の基本的な枠組みを維持しつつ，事務負担の軽減等の観点から計算方法や申告手続等の簡素化が図られた。グループ通算制度の適用を受けようとする場合には，法人の申請と国税庁長官の承認が必要となるが，既に連結納税制度を適用している法人については，令和4年4月1日以後最初に開始する事業年度の開始の日に承認があったものとみなされ，自動的にグループ通算制度に移行する。移行したくない場合には届出が必要となる。

　連結納税制度は，内国法人及びその内国法人との間に完全支配関係のある他の内国法人を1つのグループとして，グループ内の個々の法人の所得を通算し，当該グループを1つの納税主体として法人税を課税する制度である。これに対し，グループ通算制度は適用法人や損益通算等の基本的な仕組みはこれまでの連結納税制度と同様であるが，企業グループ内の各法人を納税単位とし

て，各法人が個別に法人税額の計算及び申告を行う制度となっている。

【連結納税制度とグループ通算制度の制度比較イメージ】

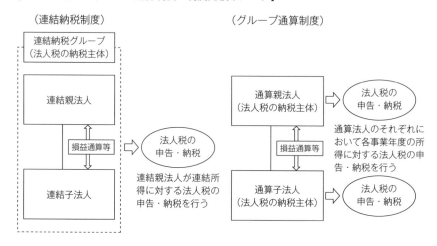

（連結納税制度）　　　　　　　　（グループ通算制度）

（2）法人税割の課税標準

　連結納税制度は，連結グループを1つの納税主体とする制度であるため，連結法人税の課税標準は各連結法人の所得金額及び欠損金額を合算した連結所得となる。これに対し，グループ通算制度では，企業グループ内の各法人を納税単位とする単体納税であり，損益通算及び欠損金額の通算といった処理についても，各法人における各事業年度の所得金額の計算の中で行われる。したがって，連結納税制度では連結法人税の各法人への帰属額（個別帰属法人税額）が法人税割の課税標準額とされたが，グループ通算制度においては，各法人の各事業年度の所得に対する法人税額が課税標準となる。ただし，グループ通算制度は法人税の計算のみに認められている制度であるため，法人税割の課税標準額の計算に当たっては損益通算等の影響を排除するための一定の調整が必要となる。

2 グループ通算制度を適用する場合の法人税割の計算

（1）計算方法の概要

　グループ通算制度の適用に伴い，法人税の課税標準である所得金額の計算に影響があるものとして以下の取扱いがある。

- ・制度開始時又は加入時における繰越欠損金額の切り捨て
- ・所得金額と欠損金額の通算
- ・所得金額と繰越欠損金額の通算

　法人税割の課税標準の計算においては，これらの取扱いはなかったものとして処理する必要があるため，法人税額に一定の加減算の調整が必要となる。

（2）法人税額の加算調整

① 　加算対象通算対象欠損調整額（地法53⑪・⑫，321の8⑪・⑫）

　グループ通算制度の適用により損益算入された通算対象欠損金額（当社の所得金額から控除した他の通算法人の欠損金額）がある場合は，法人税割の課税標準となる法人税額に加算対象通算対象欠損調整額を加算する。加算対象通算対象欠損調整額とは，当該事業年度の通算対象欠損金額に法人税率を乗じて計算した金額をいう。加算対象通算対象欠損調整額を加算することにより他の通算法人の欠損金額を通算する前の所得金額に基づいた法人税額相当額が計算されることになる。

② 　加算対象被配賦欠損調整額（地法53⑰・⑱，321の8⑰・⑱）

　グループ通算制度の適用により損金算入された被配賦欠損金控除額（当社の所得金額から控除した他の通算法人の繰越欠損金額）がある場合は，加算対象被配賦欠損調整額を法人税額に加算する。加算対象被配賦欠損調整額とは，当該事業年度の被配賦欠損金控除額に法人税率を乗じて計算した金額をいう。加算対象被配賦欠損調整額を法人税額に加算することにより，他の通算法人の繰越欠損金額を通算する前の所得金額に基づいた法人税額相当額が計算されることになる。

　なお，グループ通算制度において所得金額から控除することができる他の通算法人の繰越欠損金額は，非特定欠損金額に限られる。非特定欠損金額とは通

算法人の各事業年度開始の日前10年以内に開始した事業年度において生じた欠損金額のうち特定欠損金額以外の金額をいい，特定欠損金額とは，時価評価除外法人の最初通算事業年度開始の日前10年内に開始した各事業年度において生じた欠損金額等をいう。つまり，グループ通算制度の開始又は加入時において切り捨てられずに持ち込まれた繰越欠損金のことである。特定欠損金額は，他の通算法人の所得金額から控除することができず，自己の所得を限度に控除される。

（3）法人税額の減算調整

① 控除対象通算適用前欠損調整額（地法53③・④，321の8③・④）

法人税割の課税標準となる法人税額の算定について，当該事業年度開始の日前10年以内に開始した事業年度において生じた通算適用前欠損金額（グループ通算制度の開始・加入に伴い切り捨てられた欠損金額）がある場合は，当該通算法人の法人税額が発生した事業年度において当該法人税額から控除対象通算適用前欠損調整額を控除する（控除額は当該法人税額を限度とする）。控除対象通算適用前欠損調整額とは，通算適用前欠損金額にグループ通算制度適用後最初の事業年度の終了の日における法人税率を乗じて計算した金額をいう。

② 控除対象通算対象所得調整額（地法53⑬・⑭，321の8⑬・⑭）

グループ通算制度の適用により益金算入された通算対象所得金額（当社の欠損金額に加算された他の通算法人の所得金額）がある場合には，控除対象通算対象所得調整額として10年間繰り越すことができる。控除対象通算対象所得調整額を有する法人は，法人税額が発生した事業年度において当該法人税額から控除対象通算対象所得調整額を控除する（控除額は当該法人税額を限度とする）。控除対象通算対象所得調整額とは，益金算入された通算対象所得金額に当該通算対象所得金額の生じた事業年度後最初の事業年度終了の日の法人税率を乗じた金額をいう。

③ 控除対象配賦欠損調整額（地法53⑲・⑳，321の8⑲・⑳）

グループ通算制度の適用により配賦欠損金控除額（当社の非特定欠損金額のうち他の通算法人へ配賦して損金算入された金額）が生じた場合には，控除対

象配賦欠損調整額として10年間繰り越すことができる。控除対象配賦欠損調整額を有する法人は，法人税額が発生した事業年度において当該法人税額から控除対象配賦欠損調整額を控除する（控除額は当該法人税額を限度とする）。控除対象配賦欠損調整額とは，配賦欠損金控除額に当該配賦欠損金控除額の生じた事業年度後最初の事業年度終了の日における法人税率を乗じた金額をいう。

　なお，控除対象通算適用前欠損調整額，控除対象通算対象所得調整額，控除対象配賦欠損調整額は住民税独自の欠損金額相当額といえるが，法人税や事業税の繰越欠損金額の控除計算における所得金額の50％を控除の上限とする制度は設けられていないため，大法人，中小法人等を問わず，課税標準である法人税額の100％を限度として控除することが可能である。結果として，単体納税に比べて早期に欠損金の繰越控除が可能となる場合がある。

公益法人等及び人格のない社団等に対する法人住民税の納税義務について教えてください。

Answer

① 公益法人等及び人格のない社団等の法人住民税の納税義務の有無については，その法人の種類及びその法人が収益事業を行うか否かに応じて異なる。

② 公益法人等や人格のない社団等に均等割額の納税義務が生じる場合の標準税率は，道府県民税が2万円，市町村民税が5万円である。東京都特別区（23区）においては両者をまとめて都民税として7万円となる。

③ 東京都など多くの地方自治体では，地方税法において法人住民税の納税義務があるとされる公益法人等や人格のない社団等についても，一定のものに対しては，条例により均等割額を免除している。

■ **公益法人等及び人格のない社団等に対する法人住民税の納税義務の概要**

（1）地方税法（住民税）に定める公益法人等の範囲 （地法24⑤，法法2六）

地方税法（住民税）に定める公益法人等とは，法人税法別表第二《公益法人等の表》に掲げる法人のほか，特定非営利活動法人（NPO法人），管理組合法人などが含まれ，法人税法の定めよりも範囲が広い。以下，Q20において公益法人等とは次の法人をいう。

Chart 地方税法（住民税）に定める公益法人等の範囲

区分	具体例
①法人税法別表第二に掲げる公益法人等	公益財団法人，公益社団法人，一般財団法人（非営利型法人に該当するものに限る），一般社団法人（非営利型法人に該当するものに限る），学校法人，宗教法人，日本赤十字社，健康保険組合，商工会，税理士会など
②①のほか法人住民税の計算上，公益法人等の範囲に含まれる法人	防災街区整備事業組合，管理組合法人及び団地管理組合法人，マンション建替組合，特定非営利活動法人（NPO法人）など

（2）公益法人等及び人格のない社団等に対する課税

① 公益法人等

　公益法人等が収益事業（第3章Q30参照）を行う場合には，均等割と法人税割のいずれもが課税される。

　一方，公益法人等が収益事業を行わない場合には，当該法人が非課税法人(注)であるかどうかにより取扱いが異なる。

　当該法人が非課税法人である場合には，均等割も法人税割も課税されないが，非課税法人以外である場合には，均等割が課税される。

（注）　非課税法人（地法25①二）

　収益事業を行わない場合に均等割が課税されない公益法人等は，日本赤十字社，社会福祉法人，更生保護法人，宗教法人，学校法人など地方税法に限定列挙されている。

Chart 公益法人等の法人住民税の課税

区分		課税の範囲
収益事業を行う場合		均等割・法人税割
収益事業を行わない場合	非課税法人	非課税
	非課税法人以外	均等割

② 人格のない社団等

　法人でない社団又は財団で代表者又は管理人の定めがあり，かつ，収益事業

を行うものについて，地方税法ではこれを人格のない社団等とし，法人とみなすことで，均等割と法人税割のいずれもが課税される（地法24⑥，294⑧）。

　一方，法人でない社団又は財団で代表者又は管理人の定めがあるものであっても，収益事業を行わないものについては，均等割も法人税割も課税されない。

Chart 法人でない社団又は財団で代表者又は管理人の定めのあるものの法人住民税の課税

区分	課税の範囲
収益事業を行う場合（地方税法における「人格のない社団等」に該当）	均等割・法人税割
収益事業を行わない場合	課税されない

（注）　なお，法人税法上は収益事業を行うか否かに関わらず，法人でない社団又は財団で代表者又は管理人の定めのあるものが人格のない社団等とされる（法法2①八）。

❷ 公益法人等及び人格のない社団等における均等割の計算

（1）均等割の額（地法52①，312①，734，都条例106）

　均等割を納める義務のある公益法人等及び人格のない社団等に係る均等割の標準税率は，道府県においては年2万円，市町村においては年5万円と定められている。

　なお，東京都特別区（23区）においては両者をまとめて都民税として年7万円と定められている。

（2）均等割の免除（都条例117の2，206，都条例規29の4，大阪府税条例37，京都府府税条例24の2）

　地方税法第6条においては，「地方団体は，公益上その他の事由に因り課税を不適当とする場合においては，課税をしないことができる」と定められている。実際，東京都や大阪府，京都府など多くの地方自治体では，当該規定に基づき，条例により，特定の公益法人等や人格のない社団等に対して均等割を免除している。

　東京都における均等割の免除の対象法人は，収益事業を行わない公益法人等（地方税法の規定により均等割が非課税とされるものを除く）や人格のない社

団等のうち知事が認めるものである。なお，免除を受けるためには，当該均等
割の納期限（収益事業を行っていない場合には毎年4月30日）までに所管の
都税事務所等に法人都民税均等割申告書（第11号様式）や法人都民税均等割
免除申請書等を提出しなければならない。

❸ 公益法人等及び人格のない社団等における法人税割の計算

　（法法4①，5，6，地法24⑤・⑥）

　法人税割は法人税額を課税標準として課税されるため，法人税の納税義務が
生じる場合には法人税割の納税義務も生じる。公益法人等及び人格のない社団
等については，収益事業を行う場合に法人税の納税義務が生じるため，法人税
割も同様に収益事業を行う場合に納税義務が生じる。ここで収益事業とは，法
人税法施行令第5条《収益事業の範囲》に規定する事業で，継続して事業場を
設けて営まれるものをいう（第3章Q30参照）。

外国法人の法人住民税の取扱いについて教えてください。

Answer

① 　地方税法における外国法人とは，地方税法の施行地（日本国内）に本店又は主たる事務所等を有しない法人をいう。

② 　外国法人が日本国内において事業が行われる場所（恒久的施設）を有する場合には，当該恒久的施設を事務所等とし，その恒久的施設の所在地の都道府県又は市町村において法人住民税が課される。

■ 外国法人に対する取扱い（地法23①三，24①，③，294①，⑤）

　地方税法における外国法人とは，地方税法の施行地（日本国内）に本店又は主たる事務所等を有しない法人をいう。外国法人については，日本国内において事業が行われる場所（恒久的施設）を事務所等とし，その恒久的施設の所在地の都道府県又は市町村において法人住民税が課される。

② 外国法人の事業が行われる場所

　外国法人に法人住民税の納税義務が生じる場合における，国内において事業が行われる場所とは，次に掲げる場所をいう。これらの場所は，恒久的施設（PE＝Permanent Establishment）と呼ばれる。なお，日本が外国法人の本国との間で締結した租税条約において異なる定めがある場合には，租税条約の定めに従う（地法23①十八，地令7の3の2，46の2の3）。

　　イ　外国法人の国内にある支店，工場その他事業を行う一定の場所

　　ロ　外国法人の国内にある長期建設工事現場等（外国法人が国内において長期建設工事等（建設もしくは据付けの工事又はこれらの指揮監督の役務の提供で1年を超えて行われるもの）を行う場所をいい，外国法人等の国内における長期建設工事等を含む）

　　ハ　外国法人が国内に置く自己のために契約を締結する権限のある者その他

　　これに準ずる者

❸ 税額の計算

　　恒久的施設を有する外国法人は，法人税の計算上その所得を「恒久的施設に帰属する所得」と「恒久的施設に帰属しない所得」に区分し，その区分した所得ごとに税額の計算を行う。したがって，法人住民税の計算においても，それぞれの所得により計算された法人税額を基礎として，区分して計算を行う。

法人住民税の申告・納付について教えてください。

① 法人住民税の納付方法は，納税者自ら納付額を計算し，申告をして税額を納める申告納付方式である。

② 各事業年度の所得に対する法人税について確定申告の義務のある法人は，その事業年度終了の日の翌日から2月以内に道府県民税及び市町村民税の申告書を都道府県及び市町村に提出し，申告した税額を納付しなければならない。

③ 各事業年度の所得に対する法人税について中間申告の義務のある法人は，当該法人税の中間申告書の提出期限（事業年度開始の日から6月を経過した日から2月以内）までに，道府県民税及び市町村民税の中間納付額を申告納付しなければならない。

◼ 確定申告及び納税

（1）申告方法等

法人住民税の納付方法は，納税者自ら納付額を計算し，申告をして税額を納める申告納付方式である。各事業年度の所得に対する法人税について確定申告の義務のある法人は，その事業年度終了の日の翌日から2月以内に法人税額，法人税額を課税標準として算定した法人税割額，均等割額その他必要な事項を記載した申告書をその法人税額の課税標準の算定期間中において有する事務所等又は寮等の所在地の都道府県知事又は市町村長に提出し，その申告した法人住民税を納付しなければならない（地法53①，321の8①）。

（2）申告期限の延長

法人住民税の確定申告書は，各事業年度終了の日の翌日から2月以内に提出しなければならない。ただし，法人税の確定申告書の提出期限の延長が適用される法人は，法人住民税においても申告期限が延長される。法人税の確定申告

書の提出期限の延長が認められる主なケースは次のとおりである。

Chart 法人税の確定申告書の申告期限の延長が認められる主なケース

適用要件	延長期間
災害その他やむを得ない理由により決算が確定しないため，確定申告書の提出期限までに申告納付することができない場合（法法75）	指定された日まで延長
会計監査人の監査を受けなければならないこと等により決算が確定しないため，確定申告書の提出期限までに申告納付することができない常況にある場合（法法75の2）	1月延長 （申告期限は事業年度終了の日の翌日から3月以内）
グループ通算制度を適用する場合において，通算法人が多数に上ること等により，所得の金額等の計算を了することができないため，事業年度終了の日から2月以内に申告納付することができない常況にある場合（法法75の2）	2月延長 （申告期限は事業年度終了の日の翌日から4月以内）

　また，地方税法においても独自に申告期限の延長規定が設けられている。具体的には，災害その他やむを得ない理由により期限までに申告書を提出できないと認められるときは，条例の定めるところにより，申告書の提出期限及び納付期限を延長することができる（地法20の5の2，通知（県）1章54，通知（市）1章54）。

2 中間申告及び納付

(1) 中間納付額の計算方法

　各事業年度の所得に対する法人税について中間申告書を提出する義務のある法人は，当該法人税の中間申告書の提出期限（事業年度開始の日から6月を経過した日から2月以内）までに，道府県民税及び市町村民税の中間納付額を申告納付しなければならない。

　法人住民税の中間納付額の計算方法は，予定申告による場合と仮決算による場合とがある。

① 予定申告による場合

　予定申告による場合の中間納付額の計算は，次の算式による。

【法人税割額】

$$\left\{ \begin{array}{l} 前事業年度の確定法人税割額\quad- \\ (\ 使途秘匿金税額等\ \times\ 法人税割の税率\ ) \end{array} \right\} \times \dfrac{6}{前事業年度の月数}$$

※　前事業年度の月数が1月に満たない場合は切り上げる。

【均等割額】

$$適用されるべき均等割の税率\ \times\ \dfrac{算定期間中において事務所等を有していた月数}{12}$$

※　算定期間中において事務所等を有していた月数に1月に満たない端数がある場合にはこれを切り捨て，事務所等を有していた月数が1月に満たない場合は1月とする。

②　仮決算による中間申告の場合

　法人税において，予定申告に代えて仮決算に基づく中間申告書を提出する場合，法人住民税においては，仮決算による中間申告に基づく法人税額を課税標準として法人税割額を計算する。具体的には次のとおりである。

　1　法人税割額

　　事業年度開始の日以後6月の期間を一事業年度とみなして計算した法人税額を課税標準として計算する。

　2　均等割額

　　事業年度開始の日以後6月を経過した日の前日の現況をもとに計算する。

　　※　算定期間中において事務所等を有していた月数に1月に満たない端数がある場合にはこれを切り捨て，事務所等を有していた月数が1月に満たない場合は1月とする。

(2) 中間申告書の提出を要しない場合

　次の法人は法人住民税の中間申告書の提出を要しない。

　イ　法人税の計算において中間申告を要しないとされる法人

　　・次の算式により算定した金額が10万円以下又は0の場合

$$前事業年度分の確定法人税額\ \times\ \dfrac{6}{前事業年度の月数}$$

・協同組合等，公益法人等，人格のない社団等，清算中の法人など

ロ　都道府県又は市町村において寮等のみを有する法人

（3）みなし申告について

　法人税の中間申告義務のある法人が，法人住民税の中間申告書を，その提出期限までに提出しなかった場合には，その申告期限において予定申告の方法により計算した法人税割額及び均等割額を記載した中間申告の提出があったものとみなされる。この場合，その申告期限内に，みなし申告に関する税額を納付しなければならない（地法53①，321の8①）。

地方法人税（国税）の取扱いと法人住民税法人税割との関係性について教えてください。

Answer

① 平成26年10月1日以後に開始する事業年度から，法人税の納税義務のある法人は，地方法人税（国税）の納税義務者となる。

② 地方法人税の額は，法人税額を課税標準として，課税標準に税率を乗じた金額となる。

③ 地方法人税の申告は，法人税の申告と同時に同一の申告書で行うことになる。

④ 地方法人税は，法人住民税法人税割の一部を移行することで設けられた税目であり地域間の税源の偏在性を是正するための財源とされる。

1 地方法人税の概要

　地方法人税は，地域間（地方自治体間）の税源の偏在性を是正し，財政力格差の縮小を図ることを目的として平成26年3月31日に公布された「地方法人税法（平成26年法律第11号）」により創設された。

　納税義務者は法人税の納税義務のある法人であり，平成26年10月1日以後に開始する事業年度から適用される。

　また，地方法人税の申告は，地方法人税確定申告書を納税地の所轄の税務署に提出することにより行う。

2 地方法人税の計算

　地方法人税は課税標準に税率を乗じて計算される。地方法人税の課税標準は，各課税事業年度の課税標準法人税額とされており，税率は**3**のとおりである。

　なお，法人税に関して外国税額控除の適用を受ける法人の場合，控除対象外国法人税の額が法人税の控除限度額を超えるときは，地方法人税についても外

国税額控除の適用を受けることができる。

③ 税率

地方法人税の税率は事業年度に応じて次の通りとなる。

事業年度	税率
平成26年10月1日から令和元年9月30日までに開始する事業年度	4.4%
令和元年10月1日以後開始する事業年度	10.3%

なお，令和元年10月1日以後開始事業年度における地方法人税の税率は，消費税率10%への引上げに伴って行われた改正である。当初消費税率の引上げは平成29年4月1日から行われる予定であったため，地方法人税の税率改正も平成29年4月1日以後に開始する事業年度から適用される予定であった。しかし，消費税率の引上げ時期が令和元年10月1日に延期されたことに伴い，地方法人税の税率改正についても時期の見直しが行われた。

（下記⑥参照）。

④ 確定申告

地方法人税は，各事業年度終了の日の翌日から2月以内に，地方法人税確定申告書を納税地の所轄税務署に提出することにより確定申告を行う。地方法人税確定申告書と法人税確定申告書はひとつの様式になっているため，法人税の確定申告を行えば，自動的に地方法人税の確定申告書も提出することになる。したがって，法人税の確定申告につき，提出期限の延長の適用を受けている場合には，地方法人税の確定申告も提出期限が延長される。

なお，課税標準法人税額がない場合でも，地方法人税確定申告書は提出しなければならない。

⑤ 中間申告

平成27年10月1日以後に開始する事業年度において，法人税の中間申告書

を提出すべき法人税は，地方法人税についても中間申告書を提出することになる。

6 法人住民税法人税割の税率改正

地方法人税の導入の目的は，地域間の税源の偏在性を是正し，財政力格差の縮小を図ることにある。具体的には地方税である法人住民税法人税割の一部を国税である地方法人税に移行し，国税として納付された地方法人税の税収を各地方自治体に再配分することにより行われる。

法人住民税法人税割額（道府県民税法人税割及び市町村民税法人税割）の税率は，地方法人税の導入に伴い，以下のように改正された。あくまで，税収の配分を変えただけであり納税義務者である法人の最終的な負担税率は変わらない。

(1)平成26年10月1日から令和元年9月30日までに開始する事業年度の場合

区分	標準税率	制限税率
道府県民税	3.2%	4.2%
市町村民税	9.7%	12.1%
法人税割計	12.9%	16.3%

区分	税率
地方法人税	4.4%

区分	標準税率	制限税率
法人税割・地方法人税計	17.3%	20.7% ※

(2)令和元年10月1日以後に開始する事業年度の場合

区分	標準税率	制限税率
道府県民税	1.0%	2.0%
市町村民税	6.0%	8.4%
法人税割計	7.0%	10.4%

区分	税率
地方法人税	10.3%

区分	標準税率	制限税率
法人税割・地方法人税計	17.3%	20.7% ※

※　(1)と(2)で税率の合計は同じであり，納税義務者である法人の負担に変化はない。

　上記のとおり，令和元年10月1日以後開始事業年度においては，地方法人税の税率が4.4%から10.3%へ引き上げられたが，これは，消費税率8%（うち地方消費税率1.7%）から10%（うち地方消費税率2.2%）への引上げに合わせて行われた改正である。地方消費税は，消費税とあわせて国に申告・納付された後，消費に相当する額として決められた一定の指標に応じて各都道府県に按分し，清算される。地方消費税率が引上げられることで，当該清算による地域間の税収格差が生じるため，地方法人税の税率を引き上げ，各地方自治体への再配分の財源にしようとする改正である。なお，当初消費税率の引上げは平成29年4月1日から行われる予定であったため，地方法人税の税率改正も平成29年4月1日以後に開始する事業年度から適用される予定であった。しかし，消費税率の引上げ時期が令和元年10月1日に延期されたことに伴い，地方法人税の税率改正についても時期の見直しが行われた。

第 3 章

法人事業税

法人事業税は，法人が事業を行う場合に，その事務所等の所在する都道府県において課される税金である。法人の所得に対して課される所得割や所得以外の外形基準を課税標準とする付加価値割，資本割などの種類があり，法人の資本金の額や営む事業の内容により課税される種類が異なる。

法人事業税の概要と納税義務者について教えてください。

① 法人事業税は道府県税であり，法人が都道府県において事務所又は事業所を設けて事業を行う場合に納税義務が生じる。

② 法人事業税には，「所得割」，「付加価値割」，「資本割」，「収入割」の４種類があり，その法人の営む事業や法人の種類，資本金の額により，課される種類が異なる。

③ 事業税の申告納付にあたっては，国税である特別法人事業税についても併せて都道府県に申告納付を行う。

1 法人事業税の納税義務と課税標準

法人事業税は道府県税であり，法人が都道府県において事務所又は事業所を設けて事業を行う場合に納税義務が生じる。法人事業税は課税標準の内容により「所得割」，「付加価値割」，「資本割」，「収入割」の４種類に区分され，その内容は次の表のとおりである（計算方法等の詳細については，表中に記載のQを参照）。

Chart 法人事業税の種類

区分	課税標準	課税標準の計算方法	参照
所得割	所得金額	地方税法に特別の定めがある場合を除いて，法人税の課税標準である所得金額と同じ計算方法	第3章 Q2
付加価値割	付加価値額	収益分配額（報酬給与額＋純支払利子＋純支払賃借料）と単年度損益との合計額により計算する方法	第3章 Q7
資本割	資本金等の額	地方税法に特別の定めがある場合を除いて，法人税法における資本金等の額と同じ計算方法	第3章 Q16
収入割	収入金額	電気・ガス供給業…当該事業に係る収入金額から補助金等の額を控除する計算方法 保険業…保険料収入の金額にその保険の内容に応じた一定割合を乗じて計算する方法	Q21

② 法人事業税の納税義務者の区分（地法72の2）

　法人事業税は，その法人の行う事業，法人の種類，及び期末資本金の額又は出資金の額などに応じて，課税標準が異なる。

　期末資本金の額又は出資金の額が1億円超の法人については外形標準課税対象法人として「所得割」，「付加価値割」，「資本割」が課され，期末資本金の額又は出資金の額が1億円以下の法人は「所得割」のみが課される。ただし，資本金の額又は出資金の額の区分にかかわらず，公益法人等や特別法人（農業協同組合，医療法人など）などについては「所得割」のみが課される。

　また，電気供給業（小売電気事業等，発電事業等，特定卸供給事業を除く），導管ガス供給業，保険業を行う法人については，当該事業について「収入割」が課され，電気供給業のうち小売電気事業等，発電事業等，特定卸供給事業を行う法人については，外形標準課税対象法人には「収入割」，「付加価値割」，「資本割」が，外形標準課税対象法人以外の法人には「収入割」，「所得割」が課され，ガス供給業のうち特定ガス供給業を行う法人については，「収入割」，「付加価値割」，「資本割」が課される。なお，ガス供給業のうち一般ガス供給業を行う法人については，令和4年4月1日以後に開始する事業年度から所得課税法人と同様の課税区分となり，外形標準課税対象法人には「所得割」，「付加価値割」，「資本割」が課され，外形標準課税対象法人以外の法人には「所得割」が課される。

　これらをまとめると次の表のとおりとなる。

Chart 法人事業税の課税区分（令和4年4月1日以後に開始する事業年度）

事業の内容	法人の種類	期末資本金の額又は出資金の額	課税される事業税の種類
下記以外	公益法人等，人格のない社団等，特別法人（農業協同組合，信用金庫，医療法人など）など	－	所得割
	上記以外（一般ガス供給業を含む）	1億円以下	
		1億円超	所得割・付加価値割・資本割

電気供給業（下記の事業を除く），導管ガス供給業，保険業	－	－	収入割
電気供給業（小売電気事業等・発電事業等・特定卸供給事業）（注1）	－	1億円以下	収入割・所得割
	－	1億円超	収入割・付加価値割・資本割
特定ガス供給業	－	－	収入割・付加価値割・資本割

(注1) 特定卸供給事業については，令和4年4月1日以後に終了する事業年度から追加
(注2) 所得等課税事業と収入金額課税事業を併せて行う場合には，事業ごとに区分して税額を計算し，合算して申告をする。ただし，従たる事業が主たる事業に比して軽微（売上金額が1割程度以下等）であると認められる場合には，従たる事業を主たる事業の課税方式に含めて計算することができる（通知（県）3章4の9の9）。

③ 特別法人事業税の申告納付

　令和元年度税制改正により，大都市に税収が集中する構造的な課題に対処し，都市と地方の持続可能な発展のための地方税体系の構築の観点から，法人事業税の一部を分離して特別法人事業税が創設された。特別法人事業税は国税であるが，令和元年10月1日以後に開始する事業年度に係る申告から，法人事業税と併せて都道府県に申告納付を行う。納税義務者は法人事業税（所得割又は収入割）の納税義務のある法人であり，所得割額又は収入割額を課税標準として計算される。

　なお，平成20年度税制改正により法人事業税の一部を分離して創設された地方法人特別税は令和元年10月1日以後に開始する事業年度から廃止され，結果として，地方法人特別税から特別法人事業税への制度移行がなされることとなった（第3章Q32参照）。

Question 02

法人事業税の所得割の計算方法について教えてください。

Answer

① 法人事業税の所得割の課税標準は各事業年度の所得の金額であり，所得割額は各事業年度の所得の金額に一定の税率を乗じて計算する。

② 法人事業税の所得割の課税標準である各事業年度の所得の金額は，地方税法において特別の定めがある場合を除いて，法人税の課税標準である各事業年度の所得の金額と同じ計算方法である。

③ 法人事業税の所得割の計算において適用される税率は，地方税法に定める標準税率に基づき都道府県の条例により定められる。

■ 法人事業税の所得割の計算方法（地法72の12，72の23）

法人事業税の所得割の課税標準は各事業年度の所得の金額であり，所得割額は当該各事業年度の所得の金額に一定の税率を乗じて計算する。その課税標準である各事業年度の所得の金額は，原則として，各事業年度の所得に対する法人税の計算における各事業年度の所得の金額と同じであり，その法人の事業年度を計算期間として計算する。ただし，地方税法において特別の定めがあるものについては，法人税における所得計算とは異なる場合がある。

【事業税所得割の計算】

所得割額　＝　各事業年度の所得の金額　×　税率

② 所得の金額の計算の特例（地法72の23，地令20の3～21の7）

所得割の課税標準は，原則として法人税の課税標準である各事業年度の所得の金額と一致するが，地方税法に特別な定めがある場合には，その部分については異なる取扱いとなる。法人税と法人事業税の所得割の取扱いが異なるケースのうち主なものは以下のとおりである。

　イ　利子・配当等について課される所得税の額について，法人税の計算上は所得税額控除の対象としなければ損金の額に算入されるが，所得割の計算

においては，損金の額に算入しない（第3章Q3参照）。

ロ　外国において課された外国法人税の額について，法人税の計算上は外国税額控除の対象とした場合には損金の額に算入されないが，所得割の計算においては，内国法人が課された外国法人税の額で外国において行う事業に帰属する所得以外の所得に対して課されたものについては，損金の額に算入する。ただし，持株割合25%以上の外国子会社の配当について源泉徴収された外国法人税の額については，法人税の計算と所得割の計算のいずれにおいても損金の額に算入しない（第3章Q3参照）。

ハ　外国に恒久的施設を有する法人について，当該恒久的施設に帰属する所得がある場合には，当該恒久的施設に帰属する所得の金額を所得割の課税標準である各事業年度の所得の金額から控除する（第3章Q27参照）。

ニ　医療法人等の収入のうち社会保険診療収入に係るもの及びこれに対応する経費の額は，所得割の計算上それぞれ益金の額及び損金の額に算入しない（第3章Q29参照）。

3 所得割の税率（地法72の24の7）

　所得割の計算において適用される税率は，地方税法に定める標準税率に基づき都道府県の条例により定められる。

　地方税法に定める標準税率は，その法人の種類や外形標準課税対象法人であるか否かなどに応じて異なる。また，原則として，所得の金額が大きくなるに従い税率が高くなる超過累進税率が適用されるが，課税標準額の総額に対し，当該超過累進税率のうち最も高い税率を標準税率とする軽減税率不適用法人の取扱いもある。なお，法人事業税の所得割の税率については，地方税法において制限税率が定められており，標準税率の1.2倍（外形標準課税対象法人の所得割の税率については1.7倍）の税率を超えて定めることはできない。

所得割の標準税率についてまとめると以下の表のとおりとなる。

Chart 所得割の標準税率表

法人の区分	各事業年度の所得の金額	平成28年4月1日から令和元年9月30日までに開始する事業年度		令和元年10月1日から令和2年3月31日までに開始する事業年度		令和2年4月1日から令和4年3月31日までに開始する事業年度		令和4年4月1日以後に開始する事業年度	
		右記以外	軽減税率不適用法人(注3)	右記以外	軽減税率不適用法人(注3)	右記以外	軽減税率不適用法人(注3)	右記以外	軽減税率不適用法人(注3)
①外形標準課税対象法人	年400万円以下	0.3%	0.7%	0.4%	1.0%	0.4%	1.0%	1.0%	
	年400万円超800万円以下	0.5%		0.7%		0.7%			
	年800万円超	0.7%		1.0%		1.0%			
②資本金1億円以下の普通法人等	年400万円以下	3.4%	6.7%	3.5%	7.0%	3.5%	7.0%	3.5%	7.0%
	年400万円超800万円以下	5.1%		5.3%		5.3%		5.3%	
	年800万円超	6.7%		7.0%		7.0%		7.0%	
③特別法人(注1)	年400万円以下	3.4%	4.6%	3.5%	4.9%	3.5%	4.9%	3.5%	4.9%
	年400万円超	4.6%		4.9%		4.9%		4.9%	
④小売電気事業・発電事業等・特定卸供給事業を営む②及び③の法人(注2)		—	—	—	—	1.85%	—	1.85%	—

(注1)　特別法人の意義については，第3章Q6参照
(注2)　特定卸供給事業に係る税率は，令和4年4月1日以後に終了する事業年度から適用
(注3)　軽減税率不適用法人については，第3章Q22参照

4 外形標準課税対象法人の所得割における軽減税率の廃止

　令和4年度税制改正により，令和4年4月1日以後に開始する事業年度から，外形標準課税対象法人（第3章Q6参照）のうち，軽減税率適用法人の所得割について所得金額に応じた軽減税率が廃止された。

　この改正により，標準税率の場合において，年400万円以下の所得については0.6%，年400万円超800万円以下の所得については0.3%の負担増となる。

法人事業税の所得割の課税標準について教えてください。

　法人事業税の所得割の課税標準である各事業年度の所得の金額は，地方税法において特別の定めがある場合を除いて，法人税の課税標準である各事業年度の所得の金額と同じ計算方法であり，各事業年度の益金の額から損金の額を控除した金額による。

■ 地方税法における所得計算の特例

　法人事業税の所得割の課税標準である各事業年度の所得の金額は，地方税法において特別の定めがある場合を除いて，法人税の課税標準である各事業年度の所得の金額と同じ計算方法であり，各事業年度の益金の額から損金の額を控除して計算する。

　ここで，地方税法における特別の定めにより，法人税の課税標準と所得割の課税標準の計算が異なる主なケースは以下のとおりである。

(1) 損金の額に算入した所得税額に関する特例 （地令21の2の2）

① 所得税額の取扱いの比較

　預貯金の利子や配当等につき源泉徴収される所得税額及び復興特別所得税額（以下「所得税額」とする）は，所得割の課税標準の計算上，損金の額に算入しない。これに対し，法人税の課税標準の計算においては，所得税額控除の適用の有無に応じて，損金の額に算入する場合としない場合がある。法人税の計算上，所得税額を損金の額に算入する場合には，法人税と所得割の計算で所得税額の取扱いが異なることになる。

② 法人税法の計算における所得税額控除の計算

　預貯金の利子や配当等につき源泉徴収される所得税額は，法人税の計算上，法人税額から控除することができる。この所得税額控除の適用を受ける場合に

は，控除の対象となる所得税額は，法人税の課税標準の計算上，損金の額に算入しないこととされる。

　控除の対象となる所得税額は，株式等の配当等に係る所得税のように，配当等の計算期間中の元本所有期間に応じて按分計算をし，その一部のみが控除の対象となる場合がある。この場合，控除の対象とならなかった金額は損金の額に算入される。また，そもそも所得税額控除の適用を受けるかどうかは法人の任意選択であるため，所得税額控除の適用を受けない場合には全額損金の額に算入される。

　このように法人税の計算においては，源泉徴収された所得税額について損金の額に算入される場合と算入されない場合があるため，所得割との取扱いに差異が生じる。以上をまとめると次の表の取扱いとなる。

Chart 利子・配当等に係る所得税額の取扱い

区分		法人税	所得割
所得税額控除の適用を受けない場合		損金算入	損金不算入
所得税額控除の適用を受ける場合	控除税額について元本の所有期間按分により全額控除されない場合	控除の対象とならない部分について損金算入	
	全額控除される場合	損金不算入	

（2）内国法人が課された外国税額に関する特例（地令21の5）

①　外国税額の取扱いの比較

　内国法人が外国の法令により法人税に相当する外国税額を課された場合には，その外国税額に相当する税額のうち，その内国法人の外国において行う事業に帰属する所得以外の所得に対して課されたものは，所得割の課税標準の計算上，損金の額に算入する。ここで，「外国において行う事業に帰属する所得」とは，当該内国法人が外国において恒久的施設（第3章Q31参照）を設けて事業を行う場合に，当該恒久的施設に帰属する所得をいう。恒久的施設に帰属しない所得とは，例えば恒久的施設のない国において生じた貸付金の利子に係る所得や株式の配当に係る所得などが挙げられる。なお，恒久的施設に帰属す

る所得に係る外国税については，下記（4）イの取扱いにより別途定めが設けられている。

　これに対し，法人税の課税標準の計算においては，外国税額控除の適用の有無に応じて，損金の額に算入する場合としない場合がある。法人税の計算上，恒久的施設に帰属する所得以外の所得に対して課された外国税額を損金の額に算入しない場合には，法人税と所得割で外国税額の取扱いが異なることになる。

② 　法人税の計算における外国税額控除の計算

　法人が外国の法令により課される法人税に相当する外国税額については，法人税の計算上，法人税額から控除することができる。外国税についてこの税額控除の適用を受ける場合には，その外国税の額は，法人税の課税標準の計算上，損金の額に算入しないこととされる。

　（1）の所得税額控除の取扱いと異なり期間按分の計算がないため，適用を受ける場合には適用対象とする外国税額の全額が損金不算入とされる。また，所得税額控除と同様に任意選択の規定であるため，税額控除の適用を受けない場合には全額損金算入される。なお，法人税の計算において，持株割合25％以上の外国子会社から受ける配当金の95％を益金不算入とする制度がある。当該配当について源泉徴収された外国法人税については外国税額控除の適用を受けることができず，さらにその税額は全額損金不算入とされている。事業税の所得割の計算についても同様の取扱いとされるため，当該外国税額は損金不算入となる。

　以上をまとめると次の表の取扱いとなる。

<Chart> 外国の法令により課される法人税に相当する外国税の取扱い

区分		法人税	所得割
恒久的施設に帰属する所得以外の所得に係る外国税	外国税額控除の適用を受けない場合	損金算入	損金算入
	外国税額控除の適用を受ける場合	損金不算入	
	外国子会社配当の益金不算入制度の適用対象となる配当に係る外国税額		損金不算入

(注)　恒久的施設に帰属する所得に係る外国税がある場合の取扱いについては，第3章 Q27 参照。

(3) 海外投資等損失準備金の取扱い（措法55，地法72の23，地令21の6）

　法人税の課税標準である各事業年度の所得の金額の計算上，損金の額に算入された海外投資等損失準備金（資源開発事業法人等に係る特定株式等のうち国内において行う資源開発事業に係る部分を除く）は，法人事業税の所得割の課税標準の計算上，損金の額に算入しない。また，当該損金の額に算入されない準備金の取崩額についても益金の額に算入しない。

(4) その他の特例

　上記（1）〜（3）のほか，法人税の課税標準と法人事業税の所得割の課税標準の計算が異なる主なケースは以下のとおりである。

　イ　外国において事業を行う特定内国法人の特例（第3章Q27参照）

　ロ　医療法人等の特例（第3章Q29参照）

　ハ　繰越欠損金額に関する取扱い（第3章Q4参照）

❷ 所得割の申告における所得金額の計算方法

　所得割の課税標準である各事業年度の所得の金額は，実際の申告書作成上においては，一から計算を行うわけではなく，法人税の申告書別表四（所得の金額の計算に関する明細書）で計算した金額を基礎として計算する。

　法人税の計算における所得金額と所得割の計算における所得金額に差異がない場合には，法人税の申告書別表四の数値をそのまま法人事業税の申告書第六

号様式に転記する。

　法人税の計算における所得金額と所得割の計算における所得金額が異なる場合には，法人税の申告書別表四から転記した所得金額（繰越欠損金控除前）を基礎とし，当該金額に加減算の調整をすることで計算する。当該調整が，上記■（1）～（3）及び（4）ハの内容である場合には，第六号様式の中の所定の欄を用いて調整し，これ以外の調整が生じる場合には，第六号様式別表五（所得金額に関する計算書）を用いて計算を行う。

Question 04

法人事業税の欠損金額の取扱いについて教えてください。

Answer

① 法人事業税の所得割の計算上欠損金額が生じた場合において，その欠損金額が法人税法における繰越控除の要件を満たすものである場合には，法人税の計算と同様に，その欠損金額が生じた事業年度の翌事業年度以後に生じた所得から控除することができる。

② 欠損金額の繰越期間は10年間（平成30年3月31日以前開始事業年度に生じた欠損金額は9年間）であり，中小法人等以外の法人の控除額は，この規定適用前の所得に一定割合を乗じて計算した金額を限度とする。

■ 欠損金額の繰越控除（地法72の23，地令20の3）

（1）概要

法人事業税の所得割の課税標準である各事業年度所得の金額は，地方税法において特別の定めがある場合を除いて，法人税の課税標準である各事業年度所得の金額と同じ計算方法である。法人税の課税標準の計算上，その事業年度において欠損金額（損金の額が益金の額を超える場合のその超える部分の金額）が生じた場合には，その事業年度に青色申告書を提出しているなど一定の要件を満たすときに限り，当該欠損金額を10年間（平成30年3月31日以前開始事業年度に生じた欠損金額は9年間）にわたって繰り越し，翌期以後の所得から控除することができる取扱いがあるが，法人事業税の所得割の計算において同様の定めがある。

（2）欠損金額の繰越控除の計算

所得割の計算における欠損金額の繰越控除額は，法人税の計算の例によって算定することとされているため，繰り越すことのできる欠損金額の範囲等は法人税法の規定に従う。具体的な制度としては，青色申告書を提出した事業年度の欠損金の繰越，青色申告書を提出しなかった事業年度の災害損失金の繰越の

いずれも適用され，適格合併等による繰越欠損金の引継ぎ制度や当該引継ぎの制限規定等も適用される。

青色申告書を提出した事業年度の欠損金の繰越の取扱いをまとめると次のとおりである。

Chart 青色欠損金の繰越控除の取扱い

区分	内容
①適用要件	・青色申告書である確定申告書を提出し，かつ，その後連続して確定申告書を提出していること ・欠損金額の生じた事業年度に係る帳簿書類を所定の方法により保存していること
②欠損金額の範囲	その事業年度開始の日前10年以内（注）に開始した事業年度において生じた欠損金額（すでにこの規定により損金の額に算入されたものを除く）
③欠損金額の控除の順序	2 以上の事業年度において欠損金額が生じている場合の繰越控除の計算においては，控除可能な欠損金額（災害損失欠損金額を含む）のうち最も古い事業年度において生じたものから優先して控除する。

（注）　平成30年3月31日以前に開始する事業年度において生じた欠損金額については，9年以内となる。

② 欠損金額の控除可能額

中小法人等一定の法人以外については，欠損金の控除額につきこの規定適用前の所得金額に一定割合を乗じて計算した金額を限度とする取扱いが設けられている。

Chart 欠損金額の控除可能額

　次の区分に応じ，この規定適用前の所得金額にそれぞれの控除割合を乗じて計算した金額を限度として控除する。

法人の区分			控除割合
①	下記以外の法人	開始の日 事業年度 H24.4.1 ～ H27.3.31	80%
		H27.4.1 ～ H28.3.31	65%
		H28.4.1 ～ H29.3.31	60%
		H29.4.1 ～ H30.3.31	55%
		H30.4.1 以後	50%
②	中小法人等		100%
③	更生手続開始決定等があった法人 （手続開始決定等の日から計画認可決定の日以後 7 年内の事業年度）		
④	設立以後 7 年内の事業年度中の法人		

（注1）　②は期末資本金額等が1億円以下の法人で，資本金額等が5億円以上の法人等（以下「大法人」という）による完全支配関係がある子法人及び完全支配関係がある複数の大法人に発行済株式等の全部を保有されている子法人等以外の法人をいう。

（注2）　③の期間中に事業再生が図られた場合，③④の期間中に上場等した場合には，その該当日以後終了する事業年度を除く。

（注3）　④は普通法人に限り，資本金額等が5億円以上の法人による100％子法人，完全支配関係がある複数の大法人に発行済株式等の全部を保有されている子法人等及び株式移転完全親法人を除く。

法人税法に規定する欠損金の繰戻還付の適用があった場合における，所得割の欠損金額の繰越控除の計算方法について教えてください。

Answer

地方税法においては欠損金の繰戻還付の制度は設けられていないため，法人税の計算において繰戻還付の適用を受けた場合には，法人税と法人事業税の所得割で繰り越される欠損金額が異なることになる。

■ 法人税法における還付請求額の計算（法法80）

法人税法においては，青色申告書である確定申告書を提出する事業年度に欠損金額が生じており，かつ，当該事業年度開始の日前1年以内に開始したいずれかの事業年度（還付所得事業年度）に法人税額が生じている場合には，当該法人税額について，次の算式により計算した金額の還付を請求することができる。

【算式】

$$還付請求額 ＝ 還付所得事業年度の法人税額 \times \frac{当該事業年度に生じた欠損金額（分母の金額を限度）}{還付所得事業年度の所得金額}$$

なお，法人税法における欠損金の繰戻還付の適用を受けることができる法人は，中小法人等その他一定の法人に限られる（措法66の12）。中小法人等とは，期末資本金の額又は出資金の額が1億円以下の法人で，資本金の額又は出資金の額が5億円以上である法人等（以下「大法人」という）による完全支配関係（直接又は間接の100％の保有関係）がある子法人及び完全支配関係がある複数の大法人に発行済株式等の全部を保有されている法人以外の法人をいう（法法66⑥）。

2 繰戻還付をした場合の欠損金額の繰越控除の計算

法人税法の規定による欠損金の繰戻還付の規定の適用を受けた場合には，当該欠損金額は使用済みとなり，その後の法人税の課税標準の計算において繰越控除の対象とはならない。

これに対し，所得割の計算においては，欠損金の繰戻還付の規定が存在しないため，法人税法の計算において繰戻還付の対象とした欠損金についても繰越控除の対象となる。したがって，欠損金の繰戻還付の適用を受けた事業年度の翌事業年度以後については法人税と所得割とで欠損金の繰越控除額が異なることになる。

■事例

【欠損金の繰戻還付を適用した場合の法人税と所得割の計算】

当社は資本金1億円の普通法人であり，株主はすべて個人である。当社のX1期〜X5期における所得金額又は欠損金額の発生状況及び法人税と所得割における繰越欠損金の異動状況は次のとおりである。

事業年度	所得金額又は欠損金額（注1）	繰越欠損金（注2）			留意点
			法人税	所得割	
X1期	1,000	使用額	0	0	法人税額は150
		残額	0	0	
X2期	▲2,500	使用額	▲1,000	0	法人税において150の繰戻還付を適用
		残額	▲1,500	▲2,500	
X3期	1,200	使用額	▲1,200	▲1,200	
		残額	▲300	▲1,300	
X4期	900	使用額	▲300	▲900	
		残額	0	▲400	
X5期	800	使用額	0	▲400	
		残額	0	0	

（注1）　所得金額又は欠損金額は，欠損金繰越控除適用前の金額であり，法人税と所得割で差異がないことを前提とする。

（注2）　当社は中小法人等に該当するため，繰越欠損金の控除制限はなく，その事業年度の所得金額の100％が控除可能である。

1　X2期の計算

　①　法人税の繰戻還付の計算

$$還付請求額＝150（X1期の法人税額）\times \frac{1,000（X2期の欠損金額（分母の額を限度））}{1,000（X1期の所得金額）}$$

　②　欠損金額の繰越額の計算

　　X2期に生じた欠損金額▲2,500のうち▲1,000は繰戻還付の計算で使用済みのため，法人税の計算においては，残額の▲1,500が翌期に繰り越される。これに対し，所得割の計算においては，繰戻還付の適用がないため，▲2,500が繰り越される。

2　X3期の欠損金の繰越控除の計算

　①　法人税　所得金額1,200＜繰越欠損金1,500

　　∴　所得金額から1,200を控除（翌期繰越▲300）

　②　事業税　所得金額1,200＜繰越欠損金2,500

　　∴　所得金額から1,200を控除（翌期繰越▲1,300）

3　X4期の欠損金の繰越控除の計算

　①　法人税　所得金額900≧繰越欠損金300

　　∴　所得金額から300を控除（翌期繰越0）

　②　事業税　所得金額900＜繰越欠損金1,300

　　∴　所得金額から900を控除（翌期繰越▲400）

4　X5期の欠損金の繰越控除の計算

　①　法人税　繰越額なし

　②　事業税　所得金額800≧繰越欠損金400

　　∴　所得金額から400を控除（翌期繰越0）

---

③ 申告書の添付書類（地規5）

　法人事業税の所得割の計算上，欠損金の繰越控除の適用を受ける場合には，地方税の確定申告書に，第六号様式別表九（欠損金額等の控除明細書）を添付する。

Question 06

外形標準課税についてその概要と計算方法を教えてください。

Answer

① 外形標準課税とは，資本金等の額や従業者数など客観的に判断できる外形基準を課税標準とする課税方式をいう。

② 一般的に外形標準課税といえば法人事業税における課税方式のことを指し，その内容として「付加価値割」と「資本割」がある。

③ 付加価値割及び資本割の課税は，期末資本金の額又は出資金の額が１億円超の法人及び特定ガス供給業を行う法人について適用される。ただし，公益法人等，人格のない社団等及び特別法人並びに収入割のみが課税される法人については適用されない。

■ 外形標準課税の概要

　法人の行う事業に対して課税する事業税は，法人が事業を行うにあたって享受する行政サービスの経費負担としての性格を有している。したがって，仮に赤字であったとしても享受したサービスに対応する税額は支払うべきとの考え方があり，これに応える課税方式が所得以外の外形基準を課税標準とする外形標準課税である。

　事業所の床面積や従業者給与の額を課税標準とする事業所税なども外形標準課税といえるが，一般的に地方税において外形標準課税といえば法人事業税の課税方式のことを指す。具体的な内容としては，付加価値額を課税標準とする「付加価値割」と資本金等の額を課税標準とする「資本割」がある。

■ 外形標準課税（付加価値割・資本割）の適用対象法人（地法72の2）

　外形標準課税が適用される法人は，その事業年度終了の日における資本金の額又は出資金の額が1億円を超える法人及び特定ガス供給業を行う法人である。

　ただし，公益法人等，人格のない社団等及び特別法人（注）並びに収入割の

みが課税される法人（電気供給業（小売電気事業等・発電事業等・特定卸供給事業を除く），導管ガス供給業，保険業のみを行う法人）については適用されない。

(注)　特別法人とは次に掲げる法人をいう（地法72の24の7⑦）。
　一　農業協同組合，農業協同組合連合会（特定農業協同組合連合会を除く）及び農事組合法人（農業協同組合法第72条の10第1項第2号の事業を行う農事組合法人でその事業に従事する組合員に対し俸給，給料，賃金，賞与その他これらの性質を有する給与を支給するものを除く）並びにたばこ耕作組合
　二　消費生活協同組合及び消費生活協同組合連合会
　三　信用金庫，信用金庫連合会，労働金庫及び労働金庫連合会
　四　中小企業等協同組合（企業組合を除く），出資組合である商工組合及び商工組合連合会，商店街振興組合，商店街振興組合連合会，内航海運組合，内航海運組合連合会，出資組合である生活衛生同業組合及び生活衛生同業組合連合会並びに生活衛生同業小組合
　五　出資組合である輸出組合及び輸入組合
　六　船主相互保険組合
　七　漁業協同組合，漁業協同組合連合会，漁業生産組合（当該組合の事業に従事する組合員に対し俸給，給料，賃金，賞与その他これらの性質を有する給与を支給するものを除く），水産加工業協同組合，水産加工業協同組合連合会，共済水産業協同組合連合会及び輸出水産業組合
　八　森林組合，森林組合連合会及び生産森林組合（当該組合の事業に従事する組合員に対し俸給，給料，賃金，賞与その他これらの性質を有する給与を支給するものを除く）
　九　農林中央金庫
　十　医療法人

　なお，法人事業税の外形標準課税の適用対象法人には，付加価値割，資本割のほか所得割又は収入割についても課税される。所得割の税率については，付加価値割，資本割が課されるため，所得割のみが課される法人に比べて低い割合が定められている。

Chart 法人事業税の課税区分（令和4年4月1日以後に開始する事業年度）

事業の内容	法人の種類	期末資本金の額又は出資金の額	課税される事業税の種類
下記以外	公益法人等, 人格のない社団等, 特別法人（農業協同組合, 信用金庫, 医療法人など）など	－	所得割
	上記以外（一般ガス供給業を含む）	1億円以下	
		1億円超	所得割・付加価値割・資本割
電気供給業（下記の事業を除く）, 導管ガス供給業, 保険業	－	－	収入割
電気供給業（小売電気事業等・発電事業等・特定卸供給事業）（注1）	－	1億円以下	収入割・所得割
	－	1億円超	収入割・付加価値割・資本割
特定ガス供給業	－	－	収入割・付加価値割・資本割

(注1) 特定卸供給事業については, 令和4年4月1日以後に終了する事業年度から追加

(注2) 所得等課税事業と収入金額課税事業を併せて行う場合には, 事業ごとに区分して税額を計算し, 合算して申告をする。ただし, 従たる事業が主たる事業に比して軽微（売上金額が1割程度以下等）であると認められる場合には, 従たる事業を主たる事業の課税方式に含めて計算することができる（通知（県）3章4の9の9）。

Question 07

付加価値割の計算方法について教えてください。

Answer

① 付加価値割とは，外形標準課税対象法人に課される法人事業税である。

② 付加価値割の課税標準は付加価値額であり，付加価値額とは，収益配分額（報酬給与額，純支払利子，純支払賃借料の合計額）と単年度損益との合計額をいう。

③ 付加価値割は，付加価値額に税率を乗じることにより計算する。付加価値割の標準税率は，1.2%である。

■ 付加価値割の計算方法（地法72の14，72の24の7①―イ・⑨）

　付加価値割は外形標準課税対象法人（第3章Q6参照）に課される法人事業税であり，法人の付加価値額を課税標準として，一定の税率を乗じることにより計算する。ここで付加価値額とは，収益配分額（報酬給与額，純支払利子，純支払賃借料の合計額）と単年度損益の合計額をいう。つまり，法人の事業規模を測る指標（外形基準）として報酬給与，支払利子，支払賃借料という法人の支払額（収益配分額）を採用している。

　地方税法に定める付加価値割の標準税率は1.2%であり，これを基準に各都道府県は条例により税率を定める。なお，地方税法においては税率の上限（制限税率）が定められており，標準税率の1.2倍を超える税率を定めることはできない。付加価値割の計算方法をまとめると以下のとおりとなる。

【付加価値割の計算】

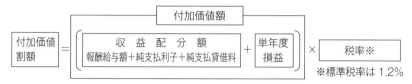

　なお，計算要素に単年度損益が加えられている理由は，付加価値割の軽減を図る目的で，報酬給与の額を意図的に引き下げることを防止するためである。仮に，税額軽減のために報酬給与の支給額を引き下げたとしても，その分単年度損益は増加するため，結果として給与の引下げは税額軽減につながらず，外形標準課税の適用に伴う不当な賃金カットを防止することができる。

❷ 雇用安定控除の特例

　付加価値額の計算上，収益配分額のうちに報酬給与額の占める割合が70%を超える場合には，雇用削減等への影響を配慮し，雇用安定控除額を付加価値額から控除する取扱いがある（第3章Q13参照）。

❸ 給与等の支給額が増加した場合の特例

　平成27年度税制改正において外形標準課税の拡大が図られ，付加価値割及び資本割の税率が引き上げられた（一方で外形標準課税対象法人の所得割の税率は引き下げられた）。付加価値割の税率の引上げに伴う雇用削減等を防ぐため，法人税の計算における給与等の支給額が増加した場合の税額控除制度と同様の適用要件を満たす法人については，付加価値割の課税標準から給与等の増加額を控除できる取扱いが創設された。なお，租税特別措置法における法人税の税額控除制度の改正に合わせて，本制度についても以下のとおり改正されている。

①　平成27年4月1日から平成30年3月31日までの間に開始する事業年度
　　…雇用者給与等支給額が増加した場合の特例（所得拡大促進税制）

②　平成30年4月1日から令和3年3月31日までの間に開始する事業年度

…給与等の引上げ及び設備投資を行った場合の特例（賃上げ・生産性向上のための税制）

③　令和3年4月1日から令和4年3月31日までの間に開始する事業年度
　　…新規雇用者給与等支給額が増加した場合の特例（人材確保等促進税制・第3章Q14参照）

④　令和4年4月1日から令和6年3月31日までの間に開始する事業年度
　　…給与等の支給額が増加した場合の特例（賃上げ促進税制・第3章Q15参照）

■4 外国において事業を行う特定内国法人の特例

　内国法人が外国において恒久的施設を設けて事業を行う場合には，付加価値割の課税標準の計算上，付加価値額の総額から当該恒久的施設に帰属する付加価値額を控除する取扱いがある（第3章Q27参照）。

Question 08

付加価値額の計算における報酬給与額の計算方法について教えてください。

Answer

① 付加価値割の計算における報酬給与額とは，法人がその役員又は使用人に対して支出する報酬，給料等の金額とその役員又は使用人のために支出する確定給付企業年金の掛金等の金額の合計額をいう。

② 報酬給与額は原則として法人税の所得計算上損金の額に算入されるものに限られるが，棚卸資産等に係るものについては実際に支出した事業年度の報酬給与額に算入する。

1 報酬給与額の範囲

付加価値割の課税標準である付加価値額の計算における報酬給与額は，次に掲げる金額の合計額である（地法72の15①）。

イ　法人が各事業年度において役員又は使用人に対する報酬，給料，賃金，賞与，退職手当その他これらの性質を有する給与として支出する金額の合計額

ロ　法人が各事業年度において役員又は使用人のために支出する確定給付企業年金等の掛金等（これに類するものを含む）の合計額

2 報酬，給与等に含まれるもの

報酬給与額は雇用関係又はこれに準ずる関係に基づく労務の提供の対価として支払われるものいい，原則として所得税法において給与所得又は退職所得とされるものをいう（通知（県）3章4の2の1・3）。主な留意点は以下のとおりである。

イ　定期・不定期，定額・業績比例というような支給の形態は問わず，また，給料，賃金，手当，賞与などの名称も問わない（通知（県）3章4の

2の1）。

ロ　現物給与は所得税の計算において給与所得又は退職所得として課税され，かつ，法人税の所得の金額の計算上損金の額に算入される限り報酬給与額に含まれる。ただし，法人が賃借している土地や家屋をその法人の役員又は使用人に社宅等として賃貸している場合には，純支払賃借料（第3章Q11参照）の計算に加味されることから，報酬給与額に含まれない（通知（県）3章4の2の6）。

ハ　通勤手当や国外勤務者の在勤手当は原則として報酬給与額に含まれないが，所得税法上の非課税限度額を超える部分については報酬給与額に含まれる（地令20の2の2）。

ニ　対象となる役員又は使用人の範囲は雇用関係又はこれに準ずる関係（注）に基づき労務の提供を行う者とされている。したがって，非常勤役員，契約社員，アルバイト等の名称は問わない（通知（県）3章4の2の2）。

（注）「これに準ずる関係」とは法人と役員との間の委任関係等が該当する。

❸ 法人税の計算において損金の額に算入されない場合

各事業年度の報酬給与額はその事業年度の法人税の所得の金額の計算上損金の額に算入されるものに限られている。したがって，役員給与の損金不算入や特殊関係使用人の使用人給与損金不算入の規定により損金の額に算入されないものは，報酬給与額に含まれない。

また，報酬給与額の計上時期は法人税における損金算入時期と一致することになるが，資産計上されたものの損金算入時期の把握は事務負担が多大となるため，棚卸資産，有価証券，固定資産，繰延資産に係るものについては，支出事業年度において報酬給与額に含むこととされている（地法72の15①，地令20の2）。

■4 掛金等に含まれるもの

報酬給与額に含まれる「役員又は使用人のために支出する確定給付企業年金等の掛金等（これに類するものを含む）」とは次に掲げるもの（法令附16①九イからトまでに掲げる金額を除く）をいう（地法72の15①二，地令20の2の3①，通知（県）3章4の2の9）。

イ　独立行政法人勤労者退職金共済機構又は特定退職金共済団体が行う退職金共済制度に基づいてその被共済者のために支出する掛金（特定退職金共済団体の要件に反して支出する掛金を除くものとし中小企業退職金共済法第53条（従前の積立事業についての取扱い）の規定により独立行政法人退職金共済機構に納付する金額を含む）

ロ　確定給付企業年金法に規定する確定給付企業年金に係る規約に基づいて加入者のために支出する掛金等（当該掛金等のうちに加入者が負担する掛金が含まれている場合には当該加入者が負担する掛金相当額を除くものとし，積立不足に伴い拠出する掛金，実施事業所の増減に伴い拠出する掛金，確定給付企業年金の終了に伴い一括して拠出する掛金，資産の移管に伴い一括して拠出する掛金及び積立金の額が給付に関する事業に要する費用に不足する場合に拠出する掛金を含む）

ハ　確定拠出年金法に規定する企業型年金規約に基づいて企業型年金加入者のために支出する同法3条3項7号に規定する事業主掛金（同法第54条第1項の規定により移換する確定拠出年金法施行令第22条第1項第5号に掲げる資産を含む）

ニ　確定拠出年金法に規定する個人型年金規約に基づいて個人型年金加入者のために支出する同法68条の2第1項の掛金

ホ　勤労者財産形成促進法に規定する勤労者財産形成給付金契約に基づいて信託の受益者等のために支出する同法第6条の2第1項第1号に規定する信託金等

ヘ　勤労者財産形成促進法に規定する勤労者財産形成基金契約に基づいて，信託の受益者等のために支出する信託金等及び同法第6条の3第3項第2

号に規定する勤労者について支出する同項第1号に規定する預入金等の払込みに充てるために同法第7条の20の規定により支出する金銭

ト　厚生年金基金（公的年金制度の健全性及び信頼性の確保のための厚生年金保険法等の一部を改正する法律（以下「平成25年厚生年金等改正法」という。）附則第3条第12号に規定する厚生年金基金をいう）の事業主として負担する平成26年4月1日前の期間に係る掛金等（いわゆる厚生年金代行部分を除く。以下トにおいて同じ）及び存続厚生年金基金（平成25年厚生年金等改正法附則第3条第11号に規定する存続厚生年金基金をいう）の事業主として負担する掛金等

チ　法人税法附則第20条第3項に規定する適格退職年金契約に基づいて支出する掛金等（当該掛金等のうちに受益者等が負担する掛金等が含まれている場合における当該受益者等が負担する掛金等相当額を除くものとし，また，適格退職年金契約の要件に反して支出する掛金等を除く）

Question 09

出向者がいる場合及び労働者派遣契約に基づく派遣労働者がいる場合の報酬給与額の計算について教えてください。

Answer

① 出向者がいる場合のその出向者に対する給与等については，その給与等を実質的に負担している法人の報酬給与額に含める。ただし，退職給与については，形式的支払者の報酬給与額とされる。

② 労働者派遣契約に基づいて労働者の派遣を受けた場合には，その派遣契約に係る支払額の75%を報酬給与額に含める。

③ 労働者派遣契約に基づいて労働者派遣をした場合には，派遣労働者に支払う給与等の額を報酬給与額に含めたうえで，派遣契約に伴い支払いを受ける金額の75%（派遣労働者に支払う給与等の額を限度）を報酬給与額から控除する。

■ 出向者に係る給与等の取扱い

法人の役員又は使用人が他の法人に出向した場合のその役員又は使用人の給与については，その給与等の実質的負担者の報酬給与額とされる。これに対し，退職給与その他これに類するものについては形式的支払者の報酬給与額とされる（通知（県）3章4の2の14）。具体的取扱いは以下のとおりである。

（1）出向先法人が支払う給与負担金

出向者に対する給与を出向元法人が支給することとしているため，出向先法人が給与負担金を出向元法人に支出したときは，当該給与負担金は実質的負担者である出向先法人の報酬給与額として取り扱う（出向元法人の報酬給与額としては取り扱わない）。

（2）出向元法人が支払う較差補てん金

出向元法人が出向先法人との給与条件の較差を補てんするため出向者に対して支給した給与（出向先法人を経て支給した金額を含む）は，実質的負担者で

ある出向元法人の報酬給与額として取り扱う。

（3）出向先法人が支払う退職給与負担金

　出向先法人が出向元法人に対して，出向者に支給すべき退職給与その他これに類する額に充てるため，あらかじめ定めた負担区分に基づき，その出向者の出向期間に対応する退職給与の額として合理的に計算された金額を定期的に支出している場合には，その支出する金額はその実質的負担者である出向先法人の報酬給与額として取り扱わない。

　ただし，出向元法人が確定給付企業年金契約等を締結している場合において，出向先法人があらかじめ定められた負担区分に基づきその出向者に係る掛金，保険料等の額を出向元法人に支出したときは，その支出した金額はその実質的負担者である出向先法人の報酬給与額として取り扱う。

❷ 労働者派遣を受けた場合又は労働者派遣をした場合

　法人が労働者派遣法又は船員職業安定法に規定する労働者派遣契約又は船員派遣契約に基づき，労働者派遣もしくは船員派遣の役務の提供を受け又は労働者派遣もしくは船員派遣をした場合の報酬給与額は，次の法人区分に応じそれぞれに掲げるとおりである（地法72の15②）。

【労働者派遣又は船員派遣の役務の提供を受けた法人】

報酬，給与等の額及び一定の掛金等の額の合計額	＋	①労働者派遣の役務の提供の対価として労働者派遣をした者に支払う金額（派遣契約料）	× 75%

【労働者派遣又は船員派遣をした法人】

報酬，給与等の額及び一定の掛金等の額の合計額（派遣労働者分を含む）	－	②労働者派遣の役務の提供の対価として労働者派遣を受けた者から支払を受ける金額（派遣契約料）※	× 75%

　※　派遣労働者に支払う給与等の額を限度とする。

　なお，派遣契約料はその事業年度の法人税の所得の計算上，①については損金の額に算入されるものに，②については益金の額に算入されるものに限定されている。

　また，派遣契約料には派遣労働者に係る旅費等が含まれ，派遣労働者が派遣元法人の業務にも従事している場合には，上記②の派遣契約料にその派遣労働者に支払う給与等のうち派遣元法人に係る業務に係るものは含まれない（通知（県）3章4の2の15）。

付加価値額の計算における純支払利子の計算方法について教えてください。

純支払利子の金額は，その事業年度の支払利子の額の合計額から受取利子の額の合計額を控除することにより計算する。

1 純支払利子額の計算方法（地法72の16①）

付加価値割の課税標準の構成要素のひとつである純支払利子額は，その事業年度の支払利子の額の合計額から受取利子の額の合計額を控除することにより計算する。受取利子の額の合計額が支払利子の額の合計額を超える場合には，純支払利子の額は0となる（マイナス分を報酬給与額や純支払賃借料と相殺することはできない）。

【算式】

$$\begin{array}{c}\text{純支払利子} \\ \text{（マイナスの場合は 0）}\end{array} = \begin{array}{c}\text{支払利子の額} \\ \text{の合計額}\end{array} - \begin{array}{c}\text{受取利子の額} \\ \text{の合計額}\end{array}$$

2 支払利子の範囲（地法72の16②，地令20の2の5〜20の2の6，通知（県）3章4の3の1）

純支払利子額の計算における支払利子の範囲は，基本的には，法人税法の受取配当等の益金不算入の規定における「負債の利子」をいう。ただし，外形標準課税特有のものとして，利子税や保険契約に係る利息相当分などその取扱いとは異なるものがある。主な具体例は次のとおりである。

- イ 借入金の利息
- ロ 社債の利息
- ハ 社債等の発行による収入額がその債務額に満たない場合におけるその満たない部分の金額（法人税の所得の計算上，損金の額に算入される部分に

限る）

ニ　コマーシャル・ペーパーの券面価額から発行価額を控除した金額

ホ　受取手形の手形金額と当該受取手形の割引による受領金額との差額を手形売却損として処理している場合の当該差額（手形に含まれる金利相当額を会計上別処理する方式を採用している場合には，手形売却損として帳簿上計上していない部分を含む）

ヘ　買掛金を手形によって支払った場合において，相手方に対して当該手形の割引料を負担したときにおける当該負担した割引料

ト　従業員預り金，営業保証金，敷金その他これらに準ずる預り金の利息

チ　金融機関の預金利息

リ　コールマネーの利息

ヌ　信用取引に係る利息

ル　現先取引及び現金担保付債券貸借取引に係る利息相当額

ヲ　利子税及び延滞金（法人税の課税所得の計算上，損金の額に算入される部分に限る）

3 **受取利子の範囲**（地法72の16③，地令20の2の7，通知（県）3章4の3の2）

受取利子とは，法人が支払いを受ける利子をいい，基本的には支払利子の範囲と同じである。主な具体例は次のとおりである。

イ　貸付金の利息

ロ　国債，地方債及び社債の利息

ハ　償還有価証券（コマーシャル・ペーパーを含む）の調整差益

ニ　売掛金を手形によって受け取った場合において，相手方が当該手形の割引料を負担したときにおける当該負担した割引料

ホ　営業保証金，敷金その他これらに準ずる預け金の利息

ヘ　金融機関等の預貯金利息及び給付補てん備金

ト　コールローンの利息

チ　信用事業を営む協同組合等から受ける事業分量配当のうち当該協同組合等が受け入れる預貯金（定期積金を含む）の額に応じて分配されるもの

リ　相互会社から支払いを受ける基金利息

ヌ　生命保険契約（共済契約で当該保険契約に準ずるものを含む）に係る据置配当の額及び未収の契約者配当の額に付されている利息相当額

ル　損害保険契約のうち保険期間の満了後満期返戻金を支払う旨の特約がされているもの（共済契約で当該保険契約に準ずるものを含む）に係る据置配当の額及び未収の契約者配当の額に付されている利息相当額

ヲ　信用取引に係る利息

ワ　合同運用信託，公社債投資信託及び公募公社債等運用投資信託の収益として分配されるもの

カ　現先取引及び現金担保付債券貸借取引に係る利息相当額

ヨ　還付加算金

■4 支払利息の計上時期

　支払利息の計上時期は，原則として，法人税の所得の計算における損金算入時期と一致する。ただし，製造原価を構成する支払利息などで，棚卸資産など資産計上されるものに関しては，法人税の所得計算上，損金の額に算入されていなくても，外形標準課税の計算上は，支払利息に含まれることになる。

Question 11

付加価値額の計算における純支払賃借料の計算方法について教えてください。

Answer

純支払賃借料の金額は，その事業年度の支払賃借料の合計額から受取賃借料の合計額を控除することにより計算する。

■ 純支払賃借料の計算方法（地法72の17①）

付加価値割の課税標準の構成要素のひとつである純支払賃借料は，その事業年度の支払賃借料の合計額から受取賃借料の合計額を控除することにより計算する。受取賃借料の合計額が支払賃借料の合計額を超える場合には，純支払賃借料の額は0となる（マイナス分を報酬給与額や純支払利子と相殺することはできない）。

【算式】

$$
\begin{array}{c}
純支払賃借料 \\
（マイナスの場合は0）
\end{array}
=
\begin{array}{c}
支払賃借料の \\
合計額
\end{array}
-
\begin{array}{c}
受取賃借料の \\
合計額
\end{array}
$$

■ 支払賃借料及び受取賃借料の範囲（地法72の17②③，地令20の2の8，20の2の9）

（1）基本的な考え方

支払賃借料は，土地又は家屋の賃借権，地上権等で使用・収益できる期間が連続して1月以上であるもの（以下「賃借権等」という）の対価として支払う金額で，法人税の所得の金額の計算上，損金の額に算入されるものに限る。

受取賃借料は，賃借権等の対価として支払いを受ける金額で，法人税の所得の金額の計算上，益金の額に算入されるものに限る。

(2) 支払賃借料及び受取賃借料に関する留意点 (通知 (県) 3章4の4の9)

① 借り上げ社宅等

法人が賃借している建物を当該法人の役員，従業員に社宅として賃貸している場合は，当該法人が支払う賃借料は当該法人の支払賃借料になり，役員，従業員から支払いを受ける賃借料は当該法人の受取賃借料として取り扱う。したがって，支払う賃借料の一部が給与所得として課税されたとしても，付加価値額の計算要素の1つである報酬給与額には含めない (通知 (県) 3章4の2の6 (2))。

② 保管料

荷物の保管料については，契約等において1月以上荷物を預け，土地又は家屋を使用又は収益していると認められる場合には，賃借料等の対価に当たるものとして取り扱う。

③ 共益費

賃借権等の契約において，水道光熱費，管理費などの維持費が共益費等として賃借料と明確かつ合理的に区分されている場合には，当該共益費等は支払賃借料及び受取賃借料として取り扱わない。

🟥 支払賃借料の計上時期

支払賃借料の計上時期は，原則として，法人税の所得の計算における損金算入時期と一致する。ただし，製造原価を構成する支払賃借料などで，棚卸資産など資産計上されるものに関しては，法人税の所得計算上，損金の額に算入されていなくても，外形標準課税の計算上は，当期製造費用として支出した事業年度に計上する。

Question 12

付加価値額の計算における単年度損益の計算方法について教えてください。

Answer

① 付加価値額の計算における単年度損益は，地方税法に特別の定めがある場合を除いて，各事業年度の所得に対する法人税の課税標準である各事業年度の所得の金額の計算の例によって算定する。

② 単年度損益の計算においては，欠損金額の繰越控除の規定の適用がないなど，所得割の課税標準における所得の計算とはその算定方法が異なる。

■ 単年度損益の計算方法（地法72の18，地令20の2の13，20の2の15，20の2の17）

各事業年度の単年度損益は，地方税法に特別の定めがある場合を除いて，各事業年度の所得に対する法人税の課税標準である各事業年度の所得の金額の計算の例によって算定する。所得割の課税標準である所得の計算も同様の計算方法であるが，ここでいう特別の定めの範囲が単年度損益の計算とは異なる。

単年度損益の計算上の特別の定めは以下のとおりである。

イ　欠損金額の繰越控除の規定の適用はない。

ロ　預貯金の利子や配当等につき課される所得税の額は，損金の額に算入しない。

ハ　寄附金の損金算入限度額は，法人税における損金算入限度額をもってその限度額とする。

ニ　内国法人の外国の事業に帰属する所得以外の所得に対して課された外国法人税額は，損金の額に算入する。

ホ　租税特別措置法に定める海外投資等損失準備金の損金算入制度は不適用とする。

② 付加価値額の計算における単年度損益

　付加価値額の計算上，単年度損益がプラスの場合は，収益配分額（報酬給与額，純支払利子額，純支払賃借料の合計額）に加算し，マイナスの場合は，収益配分額から減算する。この場合において，単年度損益のマイナス額が収益配分額を超えているときは，付加価値額は0となり付加価値割額も0となるが，その超える部分の額については翌事業年度に繰り越して控除することはできず切り捨てとなる。

Question 13

付加価値額の計算における雇用安定控除について教えてください。

Answer

① 付加価値額の計算上，収益配分額（報酬給与額＋純支払利子＋純支払賃借料）のうちに報酬給与額の占める割合が70％を超える場合には，雇用安定控除額を付加価値額から控除する。

② 雇用安定控除額として付加価値額から控除する額は，報酬給与額から収益配分額の70％相当額を控除した金額である。

　付加価値割の課税標準である付加価値額の計算上，その事業年度の収益配分額（報酬給与額＋純支払利子＋純支払賃借料）のうちにその事業年度の報酬給与額の占める割合が70％を超える場合には，その事業年度の付加価値額から雇用安定控除額を控除する（地法72の20①）。これは外形標準課税導入にあたって，報酬給与額を課税標準として採用したことが法人の雇用削減に影響を及ぼさないよう配慮して設けられた取扱いである。

　雇用安定控除額として付加価値額から控除する金額は，その事業年度の報酬給与額からその事業年度の収益配分額に70％の割合を乗じて計算した金額を控除した金額をいう（地法72の20②）。算式に表すと次のとおりとなる。

【算式】

(1) 付加価値額 ＝ 収益配分額① ＋ 単年度損益 － 雇用安定控除額② (注)

(2) 収益配分額① ＝ 報酬給与額③ ＋ 純支払利子 ＋ 純支払賃借料

(3) 雇用安定控除額② ＝ 報酬給与額③ － 収益配分額① ×70％

(注) 報酬給与額③ ／ 収益配分額① ＞ 70％の場合に控除する。

■事例

以下の前提をもとに，付加価値割の課税標準である付加価値額を計算すると以下のとおりとなる。

1 前提

報酬給与額80，純支払利子5，純支払賃借料15，単年度損益50

2 付加価値額の計算

① 判定

報酬給与額80／収益配分額100（注1）＝80％＞70％ ∴雇用安定控除あり

（注1）収益配分額＝報酬給与額80＋純支払利子5＋純支払賃借料15

② 付加価値額

収益配分額100＋単年度損益50－雇用安定控除額10（注2）＝140

（注2）雇用安定控除額＝報酬給与額80－収益配分額100×70％

収益配分額 100

報酬給与額 80	純支払利子 5	純支払賃借料 15	単年度損益 50

※雇用安定
控除額 10

付加価値割課税標準額

※雇用安定控除額（報酬給与額80／収益分配額100＞70％ ∴適用あり）
　報酬給与額80－収益配分額100×70％＝10

Question 14

付加価値額の計算における人材確保等促進税制（令和3年4月1日から令和4年3月31日までの間に開始する事業年度における措置）の取り扱いについて教えてください。

Answer

付加価値額の計算上，法人税の計算における人材確保等促進税制の適用要件と同様の要件を満たす法人については，新規雇用者の給与等支給額を基礎として計算した一定額を付加価値額から控除することができる。

1 概要

租税特別措置法に定める人材確保等促進税制は令和3年度税制改正により従来の賃上げ投資促進税制を改組することにより設けられた制度である。ウィズコロナ・ポストコロナを見据えた企業の経営改革の実現に向け，新卒・中途採用による外部人材の確保や人材育成への投資を積極的に行う企業に対する措置として改正された。これに伴い付加価値割の計算においても法人税における人材確保等促進税制（措法42の12の5）の適用要件と同様の要件を満たす法人は，新規雇用者の給与等支給額を基礎として計算した金額を付加価値割の課税標準（雇用安定控除額（第3章Q13参照）控除後）から控除することができることとされた（地法附則9⑬）。

なお，改正当初は令和3年4月1日から令和5年3月31日までの間に開始する事業年度において適用される制度であったが，令和4年度税制改正により雇用者全体の給与等支給額を基礎として計算される方法に再度見直しが行われたため，適用期間は令和3年4月1日から令和4年3月31日までの間に開始する事業年度となった（令和4年4月1日以後に開始する事業年度に適用される賃上げ促進税制の取扱いについては第3章Q15参照）。

2 適用要件

付加価値割の計算において人材確保等促進税制の適用を受けるためには，以下の要件を満たす必要がある。

【要件】

$$\frac{\text{適用年度の}}{\text{新規雇用者給与等支給額}} \geqq \frac{\text{前年度の}}{\text{新規雇用者給与等支給額}} \times 102\%$$

「新規雇用者給与等支給額」とは国内新規雇用者（法人の使用人（使用人兼務役員及び役員の特殊関係者を除く）のうち国内の事業者に勤務することになった日から1年を経過していない者をいい，支配関係がある法人から異動した者及び海外から異動した者を除く）のうち雇用保険の一般被保険者であるものに対してその雇用した日から1年以内に支給する給与等の支給額をいう。他の者から支払を受ける金額がある場合にはその支払を受ける金額を控除するが，雇用安定助成金額については控除しないため留意する必要がある。

なお，3 の控除額で後述するとおり，控除額の計算は雇用者給与等支給額（雇用者全体の給与等支給額）の前年度からの増加額を上限とする措置があるため，以下の要件についても満たさないと控除額はないこととなる。

【要件】

適用年度の雇用者給与等支給額 ＞ 前年度の雇用者給与等支給額

3 控除額

（1）控除額の計算式

付加価値割の計算上，付加価値額から以下の算式により算定した金額を控除する。

【算式】

$$\frac{\text{控除対象新規雇用者}}{\text{給与等支給額（注）}} \times \frac{\text{報酬給与額} - \text{雇用安定控除額}}{\text{報酬給与額}}$$

（注）「控除対象新規雇用者給与等支給額」とは，次の金額のうち小さい金額をいう。
　　　・適用年度の国内新規雇用者に対する給与等の支給額
　　　・適用年度の雇用者給与等支給額－前年度の雇用者給与等支給額

　なお，適用年度が欠損のため法人税の計算上人材確保等促進税制の適用がない場合であっても，適用要件を満たす場合には事業税の計算上は適用を受けることができる。

（2）控除対象新規雇用者給与等支給額と新規雇用者給与等支給額の違い

　「控除対象新規雇用者給与等支給額」は **2** の適用要件で確認した「新規雇用者給与等支給額」とは以下の点が異なるため留意が必要となる。

・「新規雇用者給与等支給額」は雇用保険の一般被保険者である者に対する給与等支給額に限られるが，「控除対象新規雇用者給与等支給額」は雇用保険の一般被保険者以外の者に対する給与等支給額も含む。

・「新規雇用者給与等支給額」は雇用安定助成金を控除せずに計算するが，「控除対象新規雇用者給与等支給額」は雇用安定助成金を控除する。

（3）労働者派遣事業を行っている場合

　法人が労働者派遣法等に基づき労働者派遣等をした場合には，控除対象新規雇用者給与等支給額について以下の調整計算が必要なる。

【労働者派遣事業を行っている場合の調整額】

$$
\begin{array}{c}
\text{控除対象} \\
\text{新規雇用者} \\
\text{給与等支給額}
\end{array}
=
\begin{array}{c}
\text{調整前控除対象} \\
\text{新規雇用者} \\
\text{給与等支給額}
\end{array}
\times
\frac{\text{報酬給与額計}}{\text{報酬給与額計 ＋ （注）の金額}}
$$

（注）以下の金額のうち小さい金額
　　　・派遣先から支払いを受ける金額 ×75%
　　　・派遣労働者に支払う報酬給与額

（4）非課税事業，収入金額課税事業を併せて行う場合（通知（県）3章 4の2の17）

　法人が非課税事業，収入金額課税事業を併せて行う場合には，控除対象新規雇用者給与等支給額から非課税事業分，収入金額課税事業分を除外するため，各事業に係る雇用者給与等支給額による按分計算又は区分計算を行う。ただし，それぞれの事業に係る区分計算が困難な場合には従業者数による按分計算を行う。

■事例

　以下の前提をもとに，付加価値割の課税標準である付加価値額を計算すると以下の通りとなる。なお，労働者派遣は行っていない。

1　前提

　報酬給与額120,000，純支払利子15,000，

　純支払賃借料15,000，単年度損益80,000

　雇用者給与等支給額110,000，前年度の雇用者給与等支給額100,000

　新規雇用者給与等支給額15,000，前年度の新規雇用者給与等支給額10,000

　事業年度：令和3年4月1日～令和4年3月31日

2　付加価値額の計算

　①　雇用安定控除の特例

　　・判定

　　報酬給与額120,000／収益配分額150,000（注1）＝80％＞70％

$$\therefore 雇用安定控除あり$$

　　（注1）収益配分額＝報酬給与額120,000＋純支払利子15,000

$$＋純支払賃借料15,000$$

　　・控除額

　　報酬給与額120,000－収益配分額150,000×70％＝15,000

　②　人材確保等促進税制

　　・判定

　　雇用者給与等支給額110,000＞前年度の雇用者給与等支給額100,000

　　新規雇用者給与等支給額15,000≧前年度の新規雇用者給与等支給額10,000×102％

$$\therefore 適用あり$$

　　・控除額

　　新規雇用者給与等支給額15,000

　　雇用者給与等支給額110,000－前年度の雇用者給与等支給額100,000＝10,000

　　　15,000＞10,000　　∴控除対象新規雇用者給与等支給額10,000

$$\begin{array}{l} 控除対象新規雇用者 \\ 給与等支給額10,000 \end{array} \times \dfrac{報酬給与額120,000－雇用安定控除額15,000}{報酬給与額120,000}$$

　　＝8,750　　∴控除額8,750

③　付加価値額

　　単年度損益80,000＋収益配分額150,000－雇用安定控除額15,000

　　　　－人材確保等促進税制8,750＝206,250

付加価値額の計算における賃上げ促進税制（令和4年4月1日から令和6年3月31日までの間に開始する事業年度における措置）の取り扱いについて教えてください。

Answer

付加価値額の計算上，法人税の計算における賃上げ促進税制の適用要件と同様の要件を満たす法人については，給与等の増加額を基礎として計算した一定額を付加価値額から控除することができる。

1 概要

租税特別措置法に定める賃上げ促進税制は令和4年度税制改正により人材確保等促進税制（第3章Q14参照）を改組することにより設けられた制度である。コロナ禍で低迷する日本経済の中長期的な成長を実現するためには「成長と分配の好循環」を背景にした従業員への利益の還元を後押しする必要があり，積極的な賃上げを行った企業等に対する措置として改正された。これに伴い付加価値割の計算においても法人税における賃上げ促進税制（措法42の12の5）の適用要件と同様の要件を満たす法人は，給与等支給額の増加額を基礎として計算した金額を付加価値割の課税標準（雇用安定控除額（第3章Q13参照）控除後）から控除することができることとされた。本制度は，令和4年4月1日から令和6年3月31日までの間に開始する事業年度において，適用される。

2 適用要件

付加価値割の計算において賃上げ促進税制の適用を受けるためには以下の要件を満たす必要がある。

【要件】

$$\frac{\text{適用年度の}}{\text{継続雇用者給与等支給額}} \geq \frac{\text{前年度の}}{\text{継続雇用者給与等支給額}} \times 103\%$$

「継続雇用者給与等支給額」とは継続雇用者（前事業年度及び適用年度の全ての月分の給与等の支給を受けた国内雇用者（役員，使用人兼務役員及び役員の特殊関係者を除く）で，全ての期間において雇用保険の一般被保険者である者（高年齢被保険者を除く）をいう）に対する給与等の支給額をいう。他の者から支払を受ける金額がある場合にはその支払を受ける金額を控除するが，雇用安定助成金額については控除しないため留意する必要がある。

　なお，**3**の控除額で後述するとおり，控除額の計算は雇用者給与等支給額（雇用者全体の給与等支給額）の前年度からの増加額を基礎として計算するため，以下の要件を満たさないと控除額はないこととなる。

【要件】

　　適用年度の雇用者給与等支給額　＞　前年度の雇用者給与等支給額

　また，資本金の額等が10億円以上，かつ，常時使用する従業員の数が1,000以上である場合には，給与等の引き上げの方針，取引先との適切な関係の構築の方針その他の事項をインターネットを利用する方法により公表したことを届出る必要がある。

3 控除額

　付加価値割の計算上，付加価値額から以下の算式により算定した金額を控除する。

【算式】

$$\text{雇用者給与等支給増加額（注1）} \times \frac{\text{収益配分額　－　雇用安定控除額}}{\text{収益配分額（注2）}}$$

　（注1）労働者派遣を行っている場合は調整後の額
　（注2）報酬給与額＋純支払利子＋純支払賃借料

　なお，適用年度が欠損のため法人税の計算上賃上げ促進税制の適用がない場合であっても，適用要件を満たす場合には事業税の計算上は適用を受けることができる。

また，法人が非課税事業，収入金額課税事業を併せて行う場合には，雇用者給与等支給額から非課税事業分，収入金額課税事業分を除外するため，各事業に係る雇用者給与等支給額による按分計算又は区分計算を行う。ただし，それぞれの事業に係る区分計算が困難な場合には従業者数による按分計算を行う。

■事例

　以下の前提をもとに，付加価値割の課税標準である付加価値額を計算すると以下の通りとなる。なお，労働者派遣は行っていない。

1　前提

　報酬給与額120,000，純支払利子15,000，

　純支払賃借料15,000，単年度損益80,000

　雇用者給与等支給額110,000，前年度の雇用者給与等支給額100,000

　2 継続雇用者の要件は満たしている

　事業年度：令和4年4月1日〜令和5年3月31日

2　付加価値額の計算

　① 雇用安定控除の特例

　　・判定

　　報酬給与額120,000／収益配分額150,000（注1）＝80%＞70%

　　　　　　　　　　　　　　　　　　　　　　　　∴雇用安定控除あり

　　（注1）収益配分額＝報酬給与額120,000＋純支払利子15,000

　　　　　　　　　　　　＋純支払賃借料15,000

　　・控除額

　　　報酬給与額120,000－収益配分額150,000×70%＝15,000

　② 賃上げ投資促進税制

　　・判定

　　雇用者給与等支給額110,000＞前年度の雇用者給与等支給額100,000

　　　　　　　　　　　　　　　　　　　　　　　　　　∴適用あり

　　・控除額

　　雇用者給与等支給　　　　収益配分額150,000－雇用安定控除額15,000
　　増加額10,000　　×　──────────────────────────────
　　　　　　　　　　　　　　　　収益配分額150,000

　　＝9,000

③　付加価値額

単年度損益80,000＋収益配分額150,000－雇用安定控除額15,000

－賃上げ投資促進税制9,000＝206,000

法人事業税における資本割の計算方法について教えてください。

① 資本割とは，外形標準課税の対象法人に課される法人事業税である。

② 資本割は事業年度終了の日における資本金等の額を課税標準とし，当該資本金等の額に税率を乗じることにより計算する。資本割の標準税率は 0.5％である。

③ 資本割の課税標準である資本金等の額は，原則として，法人税法に定める資本金等の額に無償増資等または無償減資等に係る調整額を加減算した金額となる。ただし，資本金等の額が資本金と資本準備金の合計額を下回る場合には，資本金と資本準備金の合計額が資本割の課税標準となる。

■ 資本割の概要

　資本割とは，外形標準課税対象法人（第3章Q6参照）に対して課される法人事業税であり，各事業年度終了の日における資本金等の額を課税標準として税率を乗じることにより計算する。

　地方税法に定める資本割の標準税率は0.5％であり，これを基準に各都道府県は条例により税率を定める。なお，地方税法においては税率の上限（制限税率）が定められており，標準税率の1.2倍を超える税率を定めることはできない（地法72の24の7⑧）。資本割の計算方法をまとめると以下のとおりとなる。

【資本割の計算】

　　資本割　＝　期末資本金等の額　×　税率（標準税率は 0.5％）

■ 資本金等の額

　資本割の課税標準とする資本金等の額は，原則として事業年度終了の日における法人税法に規定する資本金等の額に無償増資等または無償減資等に係る調整額（第3章Q18参照）を加減算した金額となる（地法72の21①）。事業年

度が1年に満たない法人については，資本金等の額は月割りにより算定する（地法72の21③）。

　ただし，無償増資等又は無償減資等に係る調整後の資本金等の額が資本金と資本準備金の合計額を下回る場合には，資本金と資本準備金の合計額が資本割の課税標準となる（地法72の21②）。

　なお，清算中の法人については，資本金等の額はないものとみなす取扱いがある（地法72の21①）。

資本割の課税標準である資本金等の額について教えてください。

① 資本割の課税標準である資本金等の額は，原則として，事業年度終了の日における法人税法に規定する資本金等の額に無償増資等又は無償減資等に係る調整額を加減算した金額である。

② ①の資本金等の額が資本金と資本準備金の合計額又は出資金の額に満たない場合には，資本金と資本準備金の合計額又は出資金の額が資本割の課税標準である資本金等の額となる。

③ 事業年度が１年に満たない場合には，資本金等の額は月割りにより算定する。

④ 特定持株会社に該当する場合の特例など，地方税法において特別の定めがある場合には，①又は②の資本金等の額に一定額を加算又は減算した金額が資本割の課税標準となる。

■ 資本金等の額の計算

　資本割の課税標準である資本金等の額は，各事業年度終了の日における法人税法に規定する資本金等の額を基礎として計算される（地法72の21①）。

　具体的には，法人税法第２条第16号及び法人税法施行令第８条に定める金額をいい，法人税申告書別表五（一）「利益積立金額及び資本金等の額の計算に関する明細書」における差引翌期首現在資本金等の額の差引合計額をいう。

　法人税法に定める資本金等の額は，貸借対照表に計上されている資本金の額と資本剰余金の額との合計額とは必ずしも一致しない。自己株式の取得や資本の払い戻し等を行った場合，又は合併や分割などの組織再編行為を行った場合などにより資本金等の額に増減があったときは，会計と税務で増減する資本の範囲が異なることがある。このような差異は法人税申告書別表五（一）「利益積立金額及び資本金等の額の計算に関する明細書」において調整されるため，

資本割の計算においても当該明細書の内容を基礎に資本金等の額の計算を行う。

　ただし，清算中の法人については，その資本金等の額はないものとみなす取扱いがある（第3章Q36参照）。

② 無償増資等又は無償減資等に係る調整

　資本割の課税標準である資本金等の額は，法人税法に規定する資本金等の額に無償増資等または無償減資等に係る調整額を加減算した金額とされる。無償増資等又は無償減資等があった場合には，法人税法上は資本金等の額に変動がないものとして処理されるが，資本割の計算上は経済実態を考慮し一定の要件を満たすときはその増減額を課税標準に反映させることとしている（第3章Q18参照）。

③ 資本金の額及び資本準備金の額の合計額又は出資金の額との比較

　法人税法に規定する資本金等の額に無償増資等又は無償減資等に係る調整額を加減算した金額が，その法人の資本金の額及び資本準備金の額の合計額又は出資金の額に満たない場合には，当該資本金の額及び資本準備金の額の合計額又は出資金の額が資本割の課税標準である資本金等の額となる。

④ 事業年度が1年に満たない場合

　その法人の事業年度が1年に満たない場合の資本金等の額は，月割りによって算定をする。この場合，月数は暦に従い計算し，1月に満たないときは1月とし，1月に満たない端数を生じたときはそれを切り捨てる（地法72の21③）。

⑤ 課税標準算定の特例

　次の場合に該当するときは，資本割の課税標準である資本金等の額は，一定の減算措置が講じられている。

イ　特定持株会社に該当する場合（第3章Q19参照）

ロ　外国において事業を行う特定内国法人の場合（第3章Q27参照）

ハ　資本金等の額が1,000億円を超える場合（第3章Q20参照）

■事例

X1年9月20日設立の3月決算法人，期末資本金等の額300百万円の設立初年度における計算

1　事業年度の月数（X1年9月20日～X2年3月31日）

　6ヶ月と11日間→6月（1月未満切捨）

2　資本割の計算における資本金等の額

　300,000,000円×6月／12月＝150,000,000円

Question 18

　無償減資等により欠損填補を行った場合における資本割の課税標準の計算についてその考え方を教えてください。また，利益準備金の額等を原資として増資を行った場合における資本割の課税標準の計算についても併せて教えてください。

Answer

① 　会社法等の手続きに基づいて行った無償減資等による欠損填補が一定の要件を満たす場合には，法人税法上の資本金等の額から欠損填補額を控除した金額をもって，資本割の課税標準である資本金等の額とする。
② 　会社法等の手続きに基づいて行った無償増資等が一定の要件を満たす場合には，法人税法上の資本金等の額に無償増資等の額を加算した金額をもって，資本割の課税標準である資本金等の額とする。

■ 法人税法における資本金等の額の計算
（1）法人税法における純資産の区分

　法人税法において，会社計算における純資産の部に相当する金額は，「資本金等の額」と「利益積立金額」で構成されている。法人税法における「資本金等の額」は，基本的には，会社計算における「資本金の額及び資本剰余金の額」と同質のものであり，「利益積立金額」と「利益剰余金の額」においても同様である。ただし，法人税法に特別の定めがある場合には，会社計算における「資本金の額及び資本剰余金の額」の増減と法人税の計算における「資本金等の額」の増減が一致しないケースや，「利益剰余金の額」の増減と「利益積立金額」の増減が一致しないケースがある。以下，（2）と（3）の場合も当該一致しないケースに該当する。

（2）無償減資等の場合（法令8①十二）

　会社法等の手続きに基づいて資本金の額又は資本準備金の額の減少（以下「無償減資等」という）を行い，当該減少額をもって欠損填補を行った場合に

は，会社計算においては，資本金の額又は資本準備金の額が減少し，利益剰余金の額が増加する。これに対して，法人税の計算においては，無償減資等があった場合においても，その行為において法人と株主との間に金銭等の授受がなく単なる純資産の内訳の区分変更に過ぎないため，課税関係に何ら変化がないと考え，資本金等の額の減少を認識せず，また，欠損填補に伴う利益積立金額の増加も認識しない。なお，この場合，法人税申告書別表五（一）上においては，貸借対照表の純資産の部の各項目に増減が生じるため，その増減がなかったものとするための調整が必要となる。

（3）無償増資等の場合（法令8①十三）

　会社法等の手続きに基づいて利益準備金の額を原資とする増資（以下「無償増資等」という）を行った場合には，会社計算においては，利益準備金の額が減少し，資本金の額が増加する。これに対して，法人税の計算においては，(2) の場合と同様に課税関係に何ら変化はないと考え，資本金等の額の増加を認識せず，また，利益積立金額の減少も認識しない（法人税申告書別表五（一）上においては調整が必要になる点も，(2) と同様である）。

② 無償減資等及び無償増資等があった場合の資本割の計算

（1）概要

　上記① (2) (3) の場合，法人税の計算においては資本金等の額は増加も減少もしないが，減資や増資は法人の事業規模を変化させる行為であり，法人の事業規模に応じた課税を行う外形標準課税の趣旨を鑑みると，無償減資等や無償増資等があった場合には当該増減を資本金等の額に反映させたほうがより適切な課税と考えられる。

　そこで，一定の要件を満たす無償減資等や無償増資等が行われた場合には法人税の計算における資本金等の額にその無償減資等や無償増資等による資本の額の増減を加減算する調整を行う。

（2）具体的な計算

　無償減資等又は剰余金もしくは利益準備金の額を資本金の額とした場合にお

ける資本金等の額は，次の算式により計算される（地法72の21①）。

【算式】

$$
\begin{array}{c}
\text{資本割の} \\
\text{課税標準額}
\end{array}
=
\begin{array}{c}
\text{法人税法に定める} \\
\text{資本金等の額}
\end{array}
+
\begin{array}{c}
\text{【過去の事業年度分】} \\
\text{①の金額の合計額} \\
\text{から②及び③の金額の} \\
\text{合計額を控除した残額}
\end{array}
+
\begin{array}{c}
\text{【当該事業年度分】} \\
\text{①の金額の合計額から} \\
\text{③の金額の合計額を} \\
\text{控除した残額}
\end{array}
$$

① 平成22年4月1日以後に，会社法の規定によりその他利益剰余金の額を資本金とし，又は利益準備金の額の全部もしくは一部を資本金とした金額

② 平成13年4月1日から平成18年4月30日までの間に，資本又は出資の減少（金銭等を交付する有償減資を除く）による資本の欠損の填補に充てた金額並びに旧商法の規定により資本準備金による資本の欠損の填補に充てた金額

③ 平成18年5月1日以後に，会社法の規定により資本金の額又は資本準備金の額を減少して剰余金（その他資本剰余金）を計上し，当該計上した日から1年以内に当該剰余金を欠損の填補に充てた場合の当該金額

特定持株会社に該当する場合の資本割の課税標準の特例について教えてください。

Answer

① 特定持株会社とは，前期末及び当期末における特定子会社（発行済株式等の50%超を直接又は間接に保有する子会社）の株式等の帳簿価額の合計額が前期末及び当期末の総資産の帳簿価額の合計額の50%を超える会社をいう。

② 特定持株会社に該当する場合の資本割の計算については，資本金等の額からその資本金等の額に前期末及び当期末の総資産の帳簿価額の合計額のうちに前期末及び当期末の特定子会社の株式等の帳簿価額の合計額の占める割合を乗じた額を控除した金額を課税標準とする。

1 制度の概要

前期末及び当期末における総資産の帳簿価額の合計額のうちに前期末及び当期末における特定子会社の株式等の帳簿価額の合計額の占める割合が100分の50を超える内国法人（以下「特定持株会社」）の資本割の課税標準については，次の算式により計算する。なお，総資産の帳簿価額は貸借対照表の帳簿価額に下記3の調整計算をした金額により，特定子会社株式の帳簿価額は税務上の帳簿価額による（地法72の21⑥，地令20の2の22，20の2の23，通知（県）3章4の6の8）。

【算式】

$$\text{資本割の課税標準額} = \text{資本金等の額} - \text{資本金等の額} \times \frac{\text{前期末及び当期末の特定子会社株式の帳簿価額の合計額}}{\text{前期末及び当期末の総資産の帳簿価額の合計額}}$$

2 特定子会社の範囲

　特定子会社とは，内国法人が発行済株式等（自己株式を除く。以下同じ）の50%超を直接又は間接に保有する他の法人をいい，外国法人を含む。

　また，内国法人の特定子会社が他の法人の発行済株式の50%超を直接又は間接に保有する場合には，当該他の法人も当該内国法人の特定子会社に該当する。

3 総資産の帳簿価額の計算

　総資産の帳簿価額は，確定した決算に基づく貸借対照表に計上されている総資産の帳簿価額に次の事項を加算又は控除した金額とする（地令20の2の22，通知（県）3章4の6の5）。

(1) 加算

　イ　金銭債権から控除する方法により取立不能見込額として計上されている貸倒引当金の金額

　ロ　退職給付信託における信託財産の額が，退職給付引当金勘定の金額と相殺されて資産の部に計上されず，注記の方法により貸借対照表に計上されている場合等の当該信託財産の金額

(2) 控除

　イ　固定資産の圧縮積立金として積み立てている金額

　ロ　特別償却準備金として積み立てている金額

　ハ　土地の再評価に関する法律の規定により計上されている土地に係る再評価差額に相当する金額

　ニ　特定子会社に対する貸付金及び特定子会社の発行する社債の金額

　ホ　保証債務見返勘定のように単なる対照勘定として計上されている金額

　ヘ　返品債権特別勘定の金額

　ト　金銭債権から控除する方法により取立不能見込額として計上されている貸倒損失の金額

　チ　補修用部品在庫調整勘定又は単行本在庫調整勘定の金額

資本金等の額が1,000億円を超える場合における資本割の課税標準の特例について教えてください。

Answer

資本金等の額が1,000億円を超える法人については，資本割の課税標準を軽減する措置が設けられている。

資本金等の額が1,000億円を超える法人については，下記の表の資本金等の額の区分に応じ，それぞれの区分に応じた算入率を乗じた金額の合計額とする（地法72の21⑦）。

Chart 資本金等の額が1,000億円を超える場合の課税標準算入率

資本金等の額	算入率
1兆円超の部分	0%
5,000億円超，1兆円以下の部分	25%
1,000億円超，5,000億円以下の部分	50%
1,000億円以下の部分	100%

以上により，資本金等の額が1兆円以上の場合には，一律に4,250億円となる。

なお，ここでいう資本金等の額は，下記のいずれか大きい金額から特定持株会社に該当する場合の資本割の課税標準の特例（第3章Q19参照）の適用により計算した金額を控除した額である。

① 法人税法に定める資本金等の額に無償増資等又は無償減資等に係る調整額を加減算した額

② 資本金及び資本準備金の合計額

■事例

【資本金等の額が1兆5,000億円の法人の資本割の課税標準の計算】

1　1兆円超の部分

　　（1兆5,000億円－1兆円）×0％＝0円

2　5,000億円超，1兆円以下の部分

　　（1兆円－5,000億円）×25％＝1,250億円

3　1,000億円超，5,000億円以下の部分

　　（5,000億円－1,000億円）×50％＝2,000億円

4　1,000億円以下の部分

　　1,000億円×100％＝1,000億円

5　資本割の課税標準

　　1＋2＋3＋4＝4,250億円

法人事業税における収入割の計算方法について教えてください。

Answer

① 収入割とは，収入金額により法人の行う事業に対して課される法人事業税である。

② 収入割は，課税標準となる収入金額に税率を乗じて計算される。

③ 電気供給業のうち小売電気事業等，発電事業等及び特定卸供給事業を行う事業者については，令和2年4月1日以後に開始する事業年度より課税方式に変更があった。

④ ガス供給業のうち導管ガス供給業以外の事業を行う事業者については，令和4年4月1日以後に開始する事業年度より課税方式に変更があった。

---

1 課税標準（地法72の24の2，地令22，地規4の2の2）

（1）電気供給業及びガス供給業（導管ガス供給業及び特定ガス供給業に限る）

収入割の課税標準となる収入金額は，各事業年度においてその事業について収入すべき金額の総額から，控除される収入金額を控除した金額による。

【算式】

課税標準となる収入金額 ＝ ①収入すべき金額の総額 － ②控除される収入金額

①の収入すべき金額とは，各事業年度において収入することが確定した金額でその事業年度の収入として経理されるべきその事業年度に対応する収入をいう（通知（県）3章4の9の1）。

②の控除される収入金額の主な具体例は次のとおりである。

イ 国又は地方団体から受けるべき補助金

ロ 固定資産の売却による収入金額

ハ 保険金

ニ　有価証券の売却による収入金額

ホ　不用品の売却による収入金額

ヘ　受取利息及び受取配当金

ト　事業に必要な施設を設けるため，電気又はガスの需要者その他その施設により便益を受ける者から収納する金額

チ　収入金額に対する事業税を課される他の電気供給業又はガス供給業を行う法人から，電気又はガスの供給を受けて供給を行う場合における当該供給を受けた電気又はガスに係る収入金額のうち，当該他の法人から供給を受けた電気又はガスの料金として当該法人が支払うべき金額に相当する収入金額

（2）保険業（生命保険会社等）

収入割の課税標準となる収入金額は，生命保険会社が契約した次の保険の区分に応じて各事業年度の収入保険料にそれぞれの率を乗じた金額による。

① 個人保険　　　　　100分の24

② 貯蓄保険　　　　　100分の7

③ 団体保険　　　　　100分の16

④ 団体年金保険　　　100分の5

（3）保険業（損害保険会社等）

収入割の課税標準となる収入金額は，損害保険会社が契約した次の保険の区分に応じて各事業年度の正味収入保険料にそれぞれの率を乗じた金額による。

① 船舶保険　　　　　　　　　　100分の25

② 運送保険及び貨物保険　　　　100分の45

③ 自動車損害賠償責任保険　　　100分の10

④ 地震保険　　　　　　　　　　100分の20

⑤ その他の損害保険　　　　　　100分の40

なお，正味収入保険料は以下の算式による（通知（県）3章4の9の12）。

【算式】

$$\text{元受及び受再保険の総保険料} - \text{保険料から控除すべき金額} + \text{再保険返戻金} - \left(\text{再保険料} + \text{解約返戻金} \right)$$

(4) 保険業（少額短期保険業者）

　収入割の課税標準となる収入金額は，少額短期保険業者が契約した次の保険の区分に応じて各事業年度の正味収入保険料にそれぞれの率を乗じた金額による。

　① 　生命保険等　　　100分の16
　② 　損害保険　　　　100分の26

(5) 貿易保険業を行う株式会社日本貿易保険

　収入割の課税標準となる収入金額は，各事業年度の正味収入保険料に100分の15の率を乗じた金額による。

2 収入割の税率（地法72の24の7）

　収入割の計算において適用される税率は，地方税法に定める標準税率に基づき都道府県の条例により定められる。なお，法人事業税の収入割の税率については，地方税法において制限税率が定められており，標準税率の1.2倍の税率を超えて定めることはできない。

　収入割の標準税率は次のとおりである。

(1) 電気供給業（小売電気事業等，発電事業等及び特定卸供給事業を除く），導管ガス供給業，保険業及び貿易保険業

　100分の1

(2) 電気供給業のうち小売電気事業等，発電事業等及び特定卸供給事業

　100分の0.75

(3) 特定ガス供給業

　100分の0.48

3 小売電気事業等，発電事業等及び特定卸供給事業の課税方式等
(1) 課税方式

　電気供給業のうち，小売電気事業等，発電事業等及び特定卸供給事業の課税方式については，令和2年度税制改正により見直しが行われ，外形標準課税対

象法人については「収入割」に加え「付加価値割」,「資本割」が課され,外形標準課税対象法人以外の法人については「収入割」に加え「所得割」が課されることとなった。

　電気供給業に係る課税方式をまとめると次の表のとおりとなる。なお,電気供給業とその他の事業を併せて行う場合には例外規定がある（詳細は第3章Q1参照）。

Chart 電気供給業の課税方式（令和2年4月1日以後に開始する事業年度）

事業の内容		法人の区分	課税方式
電気供給業	小売電気事業等,発電事業等及び特定卸供給事業（注1）	外形標準課税対象法人以外	収入割
			所得割
		外形標準課税対象法人	収入割
			付加価値割
			資本割
	上記以外	－	収入割

（注1）特定卸供給事業については,令和4年4月1日以後に終了する事業年度から追加

（2）分割基準

　令和2年4月1日以後に開始する事業年度に電気供給業を行う場合において,電気供給業に係る分割基準が2以上ある場合や,電気供給業と電気供給業以外の事業を行うときは,その実態に従って分割基準を適用する（詳細は第3章Q23参照）。

（3）欠損金の繰越控除に係る経過措置

　令和2年4月1日以後最初に開始する事業年度（以下「最初事業年度」という）開始の日の前日を含む事業年度において,小売電気事業等又は発電事業等を行っていた法人が,小売電気事業等又は発電事業等に係る所得割の課税標準を算定する場合には,最初事業年度開始の日前10年以内に開始した各事業年度において,小売電気事業等又は発電事業等に係る所得を,法人税の課税標準となる所得（個別所得金額）の計算の例により算定していたものとみなす（地法附則6②）。

この規定により所得割の課税標準の算定において繰越控除の対象となる欠損金額等が生じていたものとみなすこととなる。

４ ガス供給業の課税方式

ガス供給業（導管ガス供給業を除く）の課税方式については，令和４年度税制改正により見直しが行われ，特定ガス供給業を行う事業者は「収入割」に加え「付加価値割」，「資本割」が課されることとなり，一般ガス供給業を行う事業者のうち，外形標準課税対象法人については「所得割」，「付加価値割」「資本割」が課され，外形標準課税対象法人以外については「所得割」が課されることとなった。なお，導管ガス供給業については「収入割」のみが課される。

ガス供給業に係る課税方式をまとめると次の表のとおりとなる。なお，ガス供給業とその他の事業を併せて行う場合には例外規定がある（詳細は第３章Q1参照）。

Chart ガス供給業の課税方式（令和4年4月1日以後に開始する事業年度）

事業の内容		法人の区分	課税方式
ガス供給業	一般ガス供給業	外形標準課税対象法人以外	所得割
		外形標準課税対象法人	所得割
			付加価値割
			資本割
	特定ガス供給業	－	収入割
			付加価値割
			資本割
	導管ガス供給業	－	収入割

Question 22

法人事業税の税率について教えてください。

Answer

① 法人事業税は，所得割，付加価値割，資本割，収入割のいずれについても，課税標準額に「税率」を乗じることにより計算される。

② 地方税法においては，法人事業税の税率として標準税率が定められており，各都道府県は標準税率を基準としてそれぞれ条例により適用する税率を定める。ただし，地方税法において法人事業税の税率には制限税率が定められているため，標準税率の1.2倍（外形標準課税対象法人の所得割は1.7倍）を超えて税率を定めることはできない。

1 税率の適用区分

　法人事業税は，所得割・付加価値割・資本割・収入割のいずれについても，課税標準額に「税率」を乗じることにより計算され，地方税法においては，それぞれ標準税率が定められている。

　法人事業税の標準税率は，その法人の行う事業を，「①電気供給業（小売電気事業等，発電事業等及び特定卸供給事業を除く），導管ガス供給業及び保険業」「②電気供給業のうち小売電気事業等，発電事業等及び特定卸供給事業」「③特定ガス供給業」「④それ以外の事業」に区分して定めている。さらに②については「外形標準課税対象法人」，「外形標準課税対象法人以外の法人」の2つに区分し，④については，「外形標準課税対象法人」，「特別法人」「その他の法人」の3つに区分し，これらの区分ごとにそれぞれ標準税率が定められている（地法72の24の7）。

　「外形標準課税対象法人」とは，期末資本金の額又は出資金の額が1億円を超える法人及び特定ガス供給業を行う法人で，所得割（収入割）のほか付加価値割，資本割が課される法人である（第3章Q6参照）。「特別法人」とは，医療法人や農業協同組合など地方税法第72条の24の7第6項に定める法人をい

う（第3章Q6参照）。「その他の法人」とは，外形標準課税対象法人及び特別法人以外の法人をいう。

2 標準税率
（1）電気供給業，ガス供給業（一般ガス供給業を除く）及び保険業以外の事業の場合

電気供給業，ガス供給業（一般ガス供給業を除く）及び保険業以外の事業に係る法人事業税の標準税率は，「外形標準課税対象法人」，「特別法人」，「その他の法人」の3つの区分に応じ次の表に掲げるとおりである。

なお，外形標準課税対象法人以外の法人の所得割の標準税率については，課税標準となる各事業年度の所得の金額について「年400万円以下の金額」，「年400万円超年800万円以下の金額」，「年800万円超の金額」の3つに区分（特別法人については，「年400万円以下の金額」，「年400万円超の金額」の2つに区分）し，低い所得区分については税率が低い割合となるように定められている。ただし，3以上の都道府県に事務所等を設けて事業を行う法人で資本金の額又は出資金の額が1,000万円以上のものについては，所得区分はなくすべての所得に対し，最も高い税率が適用される。当該取扱いが適用される法人を軽減税率不適用法人という（地法72の24の7①，⑤）。

Chart 標準税率の表（平成28年4月1日から令和元年9月30日までに開始する事業年度）

法人の区分			軽減税率適用法人	軽減税率不適用法人
外形標準課税対象法人	付加価値割		1.2%	1.2%
	資本割		0.5%	0.5%
	所得割	各事業年度の所得のうち年400万円以下の金額	0.3%	0.7%
		各事業年度の所得のうち年400万円を超え年800万円以下の金額	0.5%	
		各事業年度の所得のうち年800万円を超える金額	0.7%	
特別法人	所得割	各事業年度の所得のうち年400万円以下の金額	3.4%	4.6%
		各事業年度の所得のうち年400万円を超える金額	4.6%	
その他の法人	所得割	各事業年度の所得のうち年400万円以下の金額	3.4%	6.7%
		各事業年度の所得のうち年400万円を超え年800万円以下の金額	5.1%	
		各事業年度の所得のうち年800万円を超える金額	6.7%	

※　軽減税率適用時の留意事項
① 事業年度が1年に満たない場合には，年400万円又は年800万円については次のとおり計算する。400万円又は800万円×その事業年度の月数／12
② 分割法人（第3章Q23参照）の所得割の税率適用については，分割前の所得により，各所得区分の税率を適用する。

Chart 標準税率の表（令和元年10月1日から令和4年3月31日までに開始する事業年度）

法人の区分			軽減税率適用法人	軽減税率不適用法人
外形標準課税対象法人	付加価値割		1.2%	1.2%
	資本割		0.5%	0.5%
	所得割	各事業年度の所得のうち年400万円以下の金額	0.4%	1.0%
		各事業年度の所得のうち年400万円を超え年800万円以下の金額	0.7%	
		各事業年度の所得のうち年800万円を超える金額	1.0%	
特別法人	所得割	各事業年度の所得のうち年400万円以下の金額	3.5%	4.9%
		各事業年度の所得のうち年400万円を超える金額	4.9%	
その他の法人	所得割	各事業年度の所得のうち年400万円以下の金額	3.5%	7.0%
		各事業年度の所得のうち年400万円を超え年800万円以下の金額	5.3%	
		各事業年度の所得のうち年800万円を超える金額	7.0%	

法人の区分			軽減税率適用法人	軽減税率不適用法人
外形標準課税対象法人	付加価値割		1.2%	1.2%
	資本割		0.5%	0.5%
	所得割	各事業年度の所得のうち年400万円以下の金額	1.0%	1.0%
		各事業年度の所得のうち年400万円を超え年800万円以下の金額		
		各事業年度の所得のうち年800万円を超える金額		
特別法人	所得割	各事業年度の所得のうち年400万円以下の金額	3.5%	4.9%
		各事業年度の所得のうち年400万円を超える金額	4.9%	
その他の法人	所得割	各事業年度の所得のうち年400万円以下の金額	3.5%	7.0%
		各事業年度の所得のうち年400万円を超え年800万円以下の金額	5.3%	
		各事業年度の所得のうち年800万円を超える金額	7.0%	

（2）電気供給業（小売電気事業等，発電事業等及び特定卸供給事業を除く），導管ガス供給業及び保険業の場合

電気供給業（小売電気事業等，発電事業等及び特定卸供給事業を除く），導管ガス供給業及び保険業については収入割が課され，その標準税率は1.0%である（地法72の24の7②）。

（3）小売電気事業等，発電事業等及び特定卸供給事業の場合

電気供給業のうち小売電気事業等，発電事業等及び特定卸供給事業に係る法人事業税については，令和2年度税制改正により課税方式の見直しが行われ，外形標準課税対象法人については「収入割」，「付加価値割」，「資本割」が課され，外形標準課税対象法人以外の法人については「収入割」，「所得割」が課されることとなった。令和2年4月1日以後に開始する事業年度の標準税率は次のとおりである（地法72の24の7③）。

① 外形標準課税対象法人…収入割0.75%，付加価値割0.37%，資本割0.15%

② 外形標準課税対象法人以外の法人…収入割0.75%，所得割1.85%

※特定卸供給事業は事業区分の創設に伴い，令和4年4月1日以後に終了

　する事業年度から追加

(4) 特定ガス供給業の場合

　ガス供給業を行う法人のうち，特定ガス供給業に係る法人事業税については，令和4年度税制改正により課税方式の見直しが行われ，「収入割」，「付加価値割」，「資本割」が課されることとなった。令和4年4月1日以後に開始する事業年度の標準税率は，収入割0.48%，付加価値割0.77%，資本割0.32%である（地法72の24の7④）。

❸ 制限税率

　地方税法に定める税率は標準税率であり，都道府県は当該標準税率を基準として法人事業税を課税するが，財政上その他必要がある場合には，その税率を超える税率で課税することができる（地法1①五）。実際に適用する税率は，各都道府県がそれぞれ条例により定める。

　ただし，都道府県が標準税率を超えて法人事業税を課税する場合には標準税率の1.2倍（外形標準課税対象法人の所得割の税率については1.7倍）が限度（制限税率）とされている（地法72の24の7⑨）。

❹ 税率の適用区分の判定時期

　法人事業税の税率についていずれの適用区分とするかは，各事業年度終了の日の現況により判定する。ただし，仮決算による中間申告を行う場合は，事業年度開始の日から6月の期間の末日の現況により判定することとなる。（地法72の24の8）。軽減税率の判定（上記❷参照）についても同様である（地法72の24の7⑧）。

法人事業税の分割基準について教えてください。

① 2以上の都道府県に事務所等を設けて事業を行っている場合，課税標準額の総額をそれぞれの都道府県に分割（配分）して，各都道府県に納める法人事業税を計算する。

② 課税標準額の総額を分割する計算の基礎となる基準（分割基準）は，その法人の行う事業の種類に応じて定められている。

③ 法人が異なる分割基準を適用すべき事業を併せて行う場合には，原則として主たる事業に係る分割基準を適用する。

■ 分割基準の概要

法人事業税は法人の事務所等が所在する都道府県に課税権がある。このため，法人が2以上の都道府県において事務所等を設けて事業を行っている場合には，その事務所等が所在する都道府県の間で課税権の調整が必要となる。都道府県間の課税権の調整は課税標準額の総額をそれぞれの都道府県に分割（配分）することで図られるが，その額を分割する際に用いられる基準を分割基準という。また，このように課税標準の額の分割が必要となる法人を分割法人という。

■ 分割基準

（1）分割基準の種類

分割基準は，その事業の種類に応じ，次のとおり定められている（地法72の48③）。

イ　製造業

事務所等の従業者の数

ロ　電気供給業

（イ）小売電気事業等

　　課税標準額の総額の2分の1に相当する額…事務所等の数

　　課税標準額の総額の2分の1に相当する額…事務所等の従業者の数

（ロ）一般送配電事業，送電事業，配電事業，特定送配電事業

　　㋑　事務所等の所在するいずれの都道府県にも，発電用の電気工作物と電気的に接続している電線路がない場合

　　　事務所等の固定資産の価額

　　㋺　㋑以外の場合

　　　課税標準額の総額の4分の3に相当する額…発電用の電気工作物と電気的に接続している電線路の電力の容量（キロワットで表した容量）

　　　課税標準額の総額の4分の1に相当する額…事務所等の固定資産の価額

（ハ）発電事業等，特定卸供給事業

　　㋑　事務所等の固定資産で発電所の用に供するものがない場合

　　　事務所等の固定資産の価額

　　㋺　㋑以外の場合

　　　課税標準額の総額の4分の3に相当する額…事務所等の固定資産で発電所の用に供するものの価額

　　　課税標準額の総額の4分の1に相当する額…事務所等の固定資産の価額

ハ　ガス供給業，倉庫業

　事務所等の固定資産の価額

ニ　鉄道事業，軌道事業

　事務所等の所在する都道府県における軌道の延長キロメートル数

ホ　非製造業（イ〜ニ以外の事業）

　課税標準額の総額の2分の1に相当する額…事務所等の数

　課税標準額の総額の2分の1に相当する額…事務所等の従業者の数

（2）分割基準の異なる事業を併せて行う場合

　異なる分割基準を適用すべき事業を併せて行う場合，例えば製造業と卸売業とを併せて行う場合などには，原則として，これらの事業のうち主たる事業の分割基準を適用するとされている（地法72の48⑧）。

どの事業が主たる事業であるかについては，それぞれの事業に係る売上金額の最も大きいものを主たる事業とし，これによりがたい場合には従業者の配置，施設の状況等の企業活動の実態により総合的に判定する（通知（県）3章9の11）。

ただし，次の事業を行う場合には上記に関わらず以下の取り扱いによる。

① 電気供給業を行う場合において分割基準が2以上ある場合

電気供給業を行う場合において，電気供給業に係る分割基準が2以上であるときは，次の区分に応じた分割基準による。

イ 一般送配電事業，送電事業又は配電事業と，一般送配電事業，送電事業及び配電事業以外の事業とを併せて行う場合

上記（1）ロ（ロ）による分割基準

ロ 発電事業，配電事業と一般送配電事業，送電事業及び発電事業以外の事業とを併せて行う場合

上記（1）ロ（ハ）による分割基準

ハ イ，ロ以外の場合

電気供給業のうち主たる事業について定められた分割基準

② 電気供給業と電気供給業以外の事業を行う場合

電気供給業と電気供給業以外の事業とを併せて行うときは，まず，電気供給業又は電気供給業以外の事業のいずれを主たる事業とするかを判定し，電気供給業を主たる事業とするときは，（1）ロの区分に応じた分割基準によるものとし，電気供給業以外の事業を主たる事業とするときは，その事業について定められた分割基準による。

③ 鉄道事業又は軌道事業とこれらの事業以外の事業を併せて行う場合

鉄道事業又は軌道事業とこれらの事業以外の事業を併せて行う場合には，鉄道事業又は軌道事業に係る部分は事務所等の所在する都道府県における軌道の延長キロメートル数を，これらの事業以外の事業に係る部分はそれらの事業のうち主たる事業について定められた分割基準による（地法72の48⑪，地令35の2）。

Question 24

　課税標準額を分割基準により分割する場合の計算上の留意点につい
て教えてください。

Answer

　課税標準額を分割基準により分割するにあたっては，計算の順序及び各計算
段階における端数処理の方法に留意する必要がある。

■1 分割基準の計算上の留意点

　2以上の都道府県に事務所等を設けて事業を行う法人（分割法人）の事業税
の計算においては，その法人が算定した課税標準額の総額を分割基準によって
事務所等が所在する都道府県に分割し，その分割した課税標準額に各都道府県
の条例によって定められた税率（第3章Q22参照）を乗じて税額を計算する。
外形標準課税対象法人の場合には，所得割，付加価値割，資本割のそれぞれに
ついて分割計算を行う。

　分割基準に基づく分割計算にあたっては，計算の順序及び各計算段階におけ
る端数処理に留意する必要がある。

■2 非製造業を例にした場合の計算手順

　非製造業（製造業，電気供給業，ガス供給業，倉庫業，鉄道事業，軌道事業
以外の事業）の法人を例にした場合，分割基準の計算の手順は以下のとおりと
なる。

（1）課税標準額の総額を2分の1にする

　非製造業の分割基準は，事務所等の数と従業者の数であるため，まず，課税
標準額の総額を2分の1にする必要がある。

■事例

【具体例1−1】…所得割の計算で課税標準額（所得）が48,715千円の場合

① 48,715,000円 × $\frac{1}{2}$ ＝ 24,357,000円（千円未満切捨）

② $\begin{cases} 24,357千円→事務所等の数で按分 \\ 24,357千円→従業者の数で按分 \end{cases}$

【具体例2−1】…資本割の計算で資本金等の額が125,423,128円，かつ，事業年
度が8ヶ月の場合

① 123,423,128円×8／12＝82,282,085（円未満切捨）

② 82,282,000（千円未満切捨）× $\frac{1}{2}$ ＝41,141,000円（千円未満切捨）

③ $\begin{cases} 41,141千円→事務所等の数で按分 \\ 41,141千円→従業者の数で按分 \end{cases}$

（2）所得割に軽減税率が適用される法人は各所得区分に振り分けた後に，所得割の課税標準額の総額を2分の1にする

　所得割について軽減税率が適用される場合には，「年400万円以下の金額」，「年400万円超年800万円以下の金額」，「年800万円超」の3つの所得区分（特別法人の場合には2つの所得区分。第3章Q22参照）に振り分けた後に，それぞれの所得区分ごとに課税標準額を2分の1にする必要がある。

■事例

【具体例1−2】…具体例1−1について軽減税率が適用される場合

① 年400万円以下

　（イ）4,000,000円 × $\frac{1}{2}$ ＝ 2,000,000円（千円未満切捨）

　（ロ）$\begin{cases} 2,000千円 → 事務所等の数で按分 \\ 2,000千円 → 従業者の数で按分 \end{cases}$

② 年400万円超年800万円以下

　（イ）8,000,000円 − 4,000,000円 ＝ 4,000,000円（千円未満切捨）

　（ロ）4,000,000円 × $\frac{1}{2}$ ＝ 2,000,000円（千円未満切捨）

　（ハ）$\begin{cases} 2,000,000円 → 事務所等の数で按分 \\ 2,000,000円 → 従業者の数で按分 \end{cases}$

③　年800万円超

　（イ）48,715,000円 − 8,000,000円 = 40,715,000円（千円未満切捨）

　（ロ）40,715,000円 × $\frac{1}{2}$ = 20,357,000円（千円未満切捨）

　（ハ）$\begin{cases} 20,357千円 & \to 事務所等の数で按分 \\ 20,357千円 & \to 従業者の数で按分 \end{cases}$

（3）（1）又は（2）の金額について分割基準により分割する

　（1）又は（2）の金額をそれぞれ事務所等の数及び従業者の数で各都道府県に按分する。以下の条件を前提に具体例を確認する。

■事例

【前提】

①　事務所等の総数36か所（A県24か所，B県12か所），

②　従業者の総数130人（A県90人，B県40人）

（注）事務所等の数，従業者の数の計算方法は第3章Q25及びQ26参照

【具体例1−3】…具体例1−2を前提としてA県とB県に按分（B県の計算は省略）

（A県の所得割の課税標準の計算）

①　年400万円以下

　（イ）事務所等の数　2,000千円÷36か所＝55,555.^{55555}円

　　　　　　　　　　　　　　　　　　　（小数点3位以下切捨※）

　　　　　　　　　55,555.^{55}×24か所＝1,333,000円（千円未満切捨）

　（ロ）従業者の数　2,000千円÷130人＝15,384.^{61538}円

　　　　　　　　　　　　　　　　　　　（小数点4位以下切捨※）

　　　　　　　　　15,384.^{615}×90人＝1,384,000円（千円未満切捨）

　（ハ）合計　　　　1,333千円＋1,384千円＝2,717千円（A県の課税標準額）

> ※　総数の桁数＋1以下切捨。本例の事務所等の総数36の桁数は2であり，小数点3位（2＋1）以下の切捨とする。従業者の総数130の桁数は3であり，小数点4位（3＋1）以下の切捨とする。

② 年400万円超年800万円以下
　(イ) 事務所等の数　2,000千円÷36か所＝55,555.^{55555}円

　　　　　　　　　　　　　　　　（小数点3位以下切捨）

　　　　　　　　　　55,555.^{55}円×24か所＝1,333,000円（千円未満切捨）

　(ロ) 従業者の数　2,000千円÷130人＝15,384.^{61538}円

　　　　　　　　　　　　　　　　（小数点4位以下切捨）

　　　　　　　　　　15,384.615円×90人＝1,384,000円（千円未満切捨）

　(ハ) 合計　1,333千円＋1,384千円＝2,717千円（A県の課税標準額）

③ 年800万円超
　(イ) 事務所等の数　20,357千円÷36か所＝565,472.^{22222}円

　　　　　　　　　　　　　　　　（小数点3位以下切捨）

　　　　　　　　　　565,472.^{22}×24か所＝13,571,000円（千円未満切捨）

　(ロ) 従業者の数　20,357千円÷130人＝156,592.^{30769}円

　　　　　　　　　　　　　　　　（小数点4位以下切捨）

　　　　　　　　　　156,592.^{307}円×90人＝14,093,000円（千円未満切捨）

　(ハ) 合計　13,571千円＋14,093千円＝27,664千円（A県の課税標準額）

【具体例2-2】…具体例2-1を前提としてA県とB県に按分（B県の計算は省略）

（A県の資本割の課税標準の計算）

　(イ) 事務所等の数　41,141千円÷36か所＝1,142,805.^{55555}円

　　　　　　　　　　　　　　　　（小数点3位以下切捨）

　　　　　　　　　　1,142,805.^{55}円×24か所＝27,427,000円（千円未満切捨）

　(ロ) 従業者の数　41,141千円÷130人＝316,469.^{23076}円

　　　　　　　　　　　　　　　　（小数点4位以下切捨）

　　　　　　　　　　316,469.^{230}円×90人＝28,482,000円（千円未満切捨）

　(ハ) 合計　27,427千円＋28,482千円＝55,909千円（A県の課税標準額）

（4）分割した課税標準額を基礎として都道府県ごとに税額を計算する

　各都道府県に分割した課税標準額を基礎として，それぞれの都道府県の条例で定める税率を適用し税額を計算する。以下の条件で具体例を確認する。

■事例

【前提】

A県においては事業税の税率は標準税率を採用しており，事業年度開始の日は令和4年4月1日である。

【具体例1－4】…具体例1－3で分割した課税標準額を基礎として，所得割の税額を計算（外形標準課税は適用されない法人）

① 年400万円以下　　　　　　2,717千円×3.5％＝95,000円

（百円未満切捨）

② 年400万円超年800万円以下　2,717千円×5.3％＝144,000円

（百円未満切捨）

③ 年800万円超　　　　　　　27,664千円×7.0％＝1,936,400円

（百円未満切捨）

④ 合計　2,175,400円…A県における所得割の納税額（年税）

【具体例2－3】…具体例2－2で分割した課税標準を基礎として，資本割の税額を計算

55,909千円×0.5％＝279,500円（百円未満切捨）…A県における資本割の納税額（年税）

分割基準のひとつである事務所等の数について，その事務所等の範囲と事務所等の数の計算方法を教えてください。

Answer

① 非製造業の分割基準のひとつである事務所等の数における事務所等とは，自己所有に属するか否かにかかわらず，事業の必要から設けられた人的及び物的設備であって継続して事業が行われる場所をいう。

② 事務所等の数とは事業年度に属する各月末日の数値を合計した数値とする。

■ 事務所等の範囲

非製造業（製造業，電気供給業，ガス供給業，倉庫業，鉄道事業，軌道事業以外の事業）と小売電気事業等の分割基準については，課税標準額の総額の2分の1に相当する額につき，事務所等の数が採用されている（第3章Q23参照）。

ここで事務所等とは，自己所有に属するか否かにかかわらず，事業の必要から設けられた人的及び物的設備であって継続して事業が行われる場所をいい，法人住民税の納税義務の有無の判定の基礎となる事務所等と同じである（事務所等の意義については，第2章Q2参照）。

■ 事務所等の数の計算方法

（1）計算方法

事務所等の数は事業年度に属する各月末日の数値を合計することにより計算する。例えば事業年度が1年であり，かつ，その事業年度を通じて事務所等を有していた場合においては，その事務所等につき「12」と数える。同一都道府県内に事業年度（1年）を通じて事務所等が2か所あれば，事務所等の数は「24」となる（地法72の48④二）。

　なお，事務所等の数の計算にあたっては以下の点に留意する必要がある（通知（県）3章9の10）。

① 　同一構内・区画にある建物の場合

　同一構内や同一区画にある建物は1つの事務所等として取り扱う。したがって，例えば同一ビル内の1階を店舗，5階を事務所として賃借している場合や同じ区画の敷地内に建物を2棟所有している場合においても，事務所等は1つとして計算する。

② 　近接した構内・区画にそれぞれ建物がある場合

　近接した構内や区画にそれぞれ建物がある場合には，原則として，①の取扱いのとおり，構内・区画ごとに1つの事務所等として考えるため，それぞれ別の事務所等として数の計算を行う。ただし，経理・帳簿等が同一で分離できない場合や同一の管理者等により管理・運営されている場合など，経済活動・事業活動が一体とみなされる場合には，同一の構内・区画とみなして1つの事務所として取り扱う。

（2）期中において事務所等に新設又は廃止があった場合の具体例

　事務所等の数は事業年度に属する月の末日の数値を合計する。したがって，期中において事務所等に新設又は廃止があった場合には，「事務所等が月の末日に存在するか否か」により判断して計算する（1月未満の切捨や切上をして行う月数按分計算ではない）。

■事例

1 事業年度

　×2年4月1日～×3年3月31日（1年）

2 事務所等の設置状況

　・本店　A県a市　期中に変化なし（×1年4月1日に設置）

　・支店　B県b市　×2年9月10日廃止（×1年10月1日に設置）

　・支店　C県c市　×2年9月27日新設

【数の計算】

年月／事業所	×2年4月末	×2年5月末	×2年6月末	×2年7月末	×2年8月末	×2年9月末	×2年10月末	×2年11月末	×2年12月末	×3年1月末	×3年2月末	×3年3月末	事業所等の数
A県　本店	○	○	○	○	○	○	○	○	○	○	○	○	12
B県　支店	○	○	○	○	○	－	－	－	－	－	－	－	5
C県　支店	－	－	－	－	－	○	○	○	○	○	○	○	7

　事務所等の数の合計数は24（12＋5＋7）となるため，課税標準額の総額について2分の1をした金額を，A県に24分の12，B県に24分の5，C県に24分の7の割合で分割する。

Question 26

分割基準のひとつである従業者の数について，その従業者の範囲と従業者の数の計算方法を教えてください。

Answer

①　事務所等の従業者とは，その事務所等で勤務すべき者で，給与の支払いを受けるべき者をいい，アルバイト，パートタイマー，派遣社員等の人数も含める。

②　従業者の数は，原則として，事業年度終了の日現在の数値とする。

③　ただし，事業年度の中途において事務所等に新設もしくは廃止があった場合，又は，事業年度中に従業者の数に著しい変動があった場合には例外的な計算を行う。

④　期末資本金の額又は出資金の額が1億円以上の製造業を行う法人の工場の従業員の数は，その数値にその数値の2分の1に相当する数値を加算する。

1 概要

事務所等の従業者の数は，事業年度終了の日現在の数値とされる（地法72の48④一）。事務所等の従業者とは，その事務所等に勤務すべき者で，俸給，給料，賃金，賞与等の給与の支払いを受けるべき者をいう。この場合の給与からは退職給与金，年金，恩給等が除外されており，これら以外の給与のうち所得税の源泉徴収の対象となるものだけが対象とされている（通知（県）3章9の1）。

2 事業年度の中途において事務所等に新設又は廃止があった場合

事業年度の中途において事務所等の新設又は廃止があった場合の従業者の数は，上記1にかかわらず，次の算式により計算する。

【新設の場合の従業者数】

$$従業者数 = 事業年度終了の日における従業者の数 \times \frac{事務所等の新設の日から事業年度終了の日までの月数}{その事業年度の月数}$$

【廃止の場合の従業者数】

$$従業者数 = 廃止日の属する月の直前の月の末日における従業者の数 \times \frac{その事務所等が事業年度中に所在していた月数}{その事業年度の月数}$$

（注1）　月数は暦に従って計算し，1月に満たない端数が生じたときはこれを1月とする。

（注2）　1人に満たない端数が生じたときはこれを切り上げる（地法72の48⑤一，二）。

■事例

1　前提

・事業年度　×2年4月1日〜×3年3月31日

・数年前からA県に所在する事務所を×2年11月12日に廃止し，翌日の×2年11月13日を開設日としてB県に移転した。

・当該事務所の従業者の数

　　×2年10月31日　62人（A県事務所）

　　×2年11月12日　60人（A県事務所）

　　×2年11月30日　65人（B県事務所）

　　×3年3月31日　68人（B県事務所）

・A県及びB県にはこれ以外に事務所は存在しない

2　A県の計算（廃止があった場合の計算）

62人※×8月／12月＝41.$^{3\cdots}$　→　42人（1人未満切上げ）

※　廃止日の属する月の前月末日（×2年10月31日）の人数

3　B県の計算（新設の場合の計算）

68人※×5月／12月＝28.$^{3\cdots}$　→　29人（1人未満切上げ）

※　事業年度終了の日（×3年3月31日）の人数

---

3 従業者の数に著しい変動がある場合

事業年度を通じて従業者の数に著しい変動がある事務所等の従業者の数は，事業年度終了の日現在の数値ではなく次の算式により計算する。従業者の数に著しい変動がある事務所等とは，その事業年度に属する各月末日現在の従業者の数のうち最大の数値が，その従業者の数のうち最小の数値の2倍を超える事務所等をいう（地令35）。

【著しい変動がある場合の従業者数】

$$
従業者数 = \frac{その事業年度の属する各月末日における従業者の数の合計数}{その事業年度の月数}
$$

（注1）　月数は暦に従って計算し，1月に満たない端数が生じたときはこれを1月とする。
（注2）　1人に満たない端数が生じたときはこれを切り上げる（地法72の48⑤一，二）。

■事例

1　前提

A県事務所の事業年度中における各月末日の従業者数の推移は次のとおりである。

（単位：人）

月	4月	5月	6月	7月	8月	9月	10月	11月	12月	1月	2月	3月	計
A事務所	77	79	80	80	79	35	36	36	38	37	38	40	655

2　計算

・判定　80人（最大人数）÷2＝40＞35人（最小人数）　∴著しい変動あり
・従業者数の計算　655人÷12月＝54.⁵…　→　55人（1人未満切上げ）

4 工場の従業者数の加算

期末資本金の額又は出資金の額が1億円以上の製造業を行う法人の工場である事務所等については，期末の数値にその数値の2分の1に相当する数値を加算する（地法72の48④一）。期末の数値が奇数である場合には，その数値に1を加えた数値の2分の1に相当する数値を加算する。なお，この加算計算は期末において存在する工場について適用されるものであるから，期中に廃止さ

れた工場について適用はない。

■事例

1 前提

　A県工場　期末従業者数　15人（奇数）

2 計算

　分割基準である従業者の数　15人＋（15人＋1人）×1/2＝23人

5 特例計算の優先順位

　上記2〜4までの特例計算については，その適用について優先順序が設けられている。

　2の計算において事業年度の中途に事務所等を新設し，かつ，当該事務所等を同一事業年度中に廃止した場合には「廃止があった場合」の算式により計算する（通知（県）3章9の2 (2)）。

　2の「新設又は廃止があった場合」と3の「著しい変動がある場合」のいずれにも該当する場合には，「著しい変動がある場合」の計算が優先適用となり，「新設又は廃止があった場合」の計算は行わない。

　つまり，2と3については3が適用され，2の「新設があった場合」と「廃止があった場合」のいずれにも該当する場合には，「廃止があった場合」により計算を行う。工場の従業員数の加算（4参照）の適用がある場合には，この計算の後に行うこととなる。

Chart 特例計算の優先順位

STEP1　著しい変動，新設又は廃止の特例計算
　　次の順序に従って適用の有無を検討する。重複適用はない。
　　1．著しい変動がある場合
　　2．廃止があった場合
　　3．新設があった場合

STEP2　工場の加算計算
　　適用がある工場は加算計算を行う。

■事例

1　前提

A県事務所及びB県事務所の事業年度中における各月末日の従業者数の推移は次のとおりである。

（単位：人）

月	4月	5月	6月	7月	8月	9月	10月	11月	12月	1月	2月	3月	計
A県事務所	65	64	66	12	12	12	0	0	0	0	0	0	231
B県事務所	0	0	0	58	58	59	72	72	70	68	69	71	597

（注1）　A県事務所は10月20日に廃止している。
（注2）　B県事務所は7月10日に新設している。

2　計算

【判定】

① A県事務所　66人（最大人数）÷2＝33人＞12人（最小人数）∴著しい変動あり

② B県事務所　72人（最大人数）÷2＝36人≦58人（最小人数）∴著しい変動なし

【従業者の数の計算】

① A県事務所　231人÷12月※＝19.2…　→　20人（1人未満切上げ）

　※　A県事務所は10月20日に廃止しているが，著しい変動の計算において各月末日の従業者数の合計数（231人）を除す月数は，事務所が存在していた月数ではなく，事業年度の月数（12月）となる。

② B県事務所　71人×9月／12月＝53.2…　→　54人（1人未満切上げ）

外国において事業を行う特定内国法人の計算について教えてください。

Answer

① 事業税は国内において行う事業に対して課税されるため，内国法人が外国において恒久的施設を設けて事業を行う場合には，法人事業税の課税標準額の計算においてその外国の事業に帰属する部分の金額を除外する。

② 外国に恒久的施設を有する法人を特定内国法人という。

1 特定内国法人の特例計算

（1）概要

　事業税は国内において行う事業に対して課税する税金であり，法人が事業を行うにあたって享受する国内の行政サービスの経費負担としての性格を有している。したがって，法人事業税の課税標準額の計算にあたり外国の事業に帰属する部分については，課税を行うべきではない。そこで，内国法人が外国において事業が行われる場所を有する場合には，その外国の事業に帰属する部分の金額を法人事業税の課税標準額から除外することとしている。このように外国に事業が行われる場所を有する内国法人を特定内国法人という。

（2）外国において事業が行われる場所

　特定内国法人が有する外国における事業が行われる場所とは，「恒久的施設に相当するもの」とされる（地令20の2の19）。恒久的施設とは，地方税法の定義において外国法人の国内における支店，工場等の一定の施設のことを指すため，内国法人の外国における事業が行われる場所については，「恒久的施設に相当するもの」と規定されている（恒久的施設（PE＝Permanent Establishment）の意義については，第3章Q31参照）。

2 特定内国法人の課税標準の計算

（1）所得割の場合（地法72の24，地令21の9）

　特定内国法人の所得割の課税標準である各事業年度の所得の金額は，所得の総額から外国の事業に帰属する所得を控除することにより計算する。ここで外国の事業に帰属する所得とは，外国の恒久的施設に相当するものに帰属する所得をいい，外国に源泉がある所得であっても内国法人が当該外国に恒久的施設に相当するものを有さない場合は，当該所得は外国の事業に帰属する所得に該当しない。外国の事業に帰属する所得の計算は，原則として，法人税法第69条第4項第一号に規定される外国税額控除の計算における国外事業所等に帰せられるべき所得の計算の例によって算定する。ただし，外国の事業に帰属する所得を区分して計算することが困難な法人については，所得の総額を従業者の数で按分する方法により計算することも認められている。

【特定内国法人の所得割の課税標準の計算】

　1　原則

　　　　所得の総額　−　外国の事業に帰属する所得（区分計算）

　2　特例

$$所得の総額 - 所得の総額 \times \frac{外国の事務所等の従業者の数}{従業者の総数}$$

（注）　従業者の数はそれぞれ期末現在の数を用いるが，事業年度の中途において外国の事務所等を設置又は廃止した場合は，その事業年度の各月の末日現在の合計数をその事業年度の月数で除して計算した数（1人未満の端数は1人）とする（以下（2），（3）も同様）。

（2）付加価値割の場合（地法72の19，地令20の2の20）

　特定内国法人の付加価値割の課税標準である付加価値額は，付加価値額の総額から国外付加価値額を控除して計算する。ここで国外付加価値額とは，所得割における外国の事業に帰属する所得の取扱いに準じて取り扱う。国外付加価値額を区分して計算することが困難な法人については，付加価値額の総額を従

業者の数で按分する方法により計算することも認められているが，所得割の課税標準の計算において外国の事業に帰属する所得を区分して計算している場合には，付加価値額についても区分計算を行わなければならない。

【特定内国法人の付加価値割の課税標準の計算】

　　1　原則

　　　　付加価値額の総額　−　国外付加価値額（区分計算）

　　2　特例

$$付加価値額の総額　−　付加価値額の総額　\times　\frac{外国の事務所等の従業者の数}{従業者の総数}$$

（3）資本割の場合（地法72の22）

　特定内国法人の資本割の課税標準となる資本金等の額は，資本金等の額から資本金等の額のうち国外付加価値額（（2）の原則又は特例で計算した金額）対応分の金額を控除して計算する。ただし，国外付加価値額を（2）の原則で計算した場合で，次の2の適用要件のいずれかに該当する場合には，資本金等の額を従業者の数で按分する方法により計算する。

【特定内国法人の資本割の課税標準の計算】

　　1　2以外の場合

$$資本金等の額　−　資本金等の額　\times　\frac{国外付加価値額}{付加価値額の総額（注）}$$

　　　　（注）付加価値額の総額は，雇用安定控除額を控除しないで計算する。

　　2　次の適用要件に該当する場合
　　　≪適用要件≫
　　　　・国外付加価値額が0以下である場合
　　　　・国内付加価値額が0以下である場合
　　　　・国内付加価値額の付加価値額の総額に占める割合が50％未満である場合

≪算式≫

$$資本金等の額 - 資本金等の額 \times \frac{外国の事務所等の従業者の数}{従業者の総数}$$

(4) 収入割の場合（地法72の24の3）

　収入割の課税標準額についても，原則として収入金額から国外収入金額（外国の事業に帰属する収入金額）を控除する方法により計算し，区分することが困難な法人については，（1）～（3）の特例と同様，従業者の数による按分計算が認められている。

特定内国法人の所得割を区分計算する場合及びその方法を教えてください。

① 以下のいずれかに該当する場合，外国の事業に帰属する所得を区分して所得割の課税標準の計算を行うことが原則とされている（区分計算）。

・特定内国法人が法人税について外国税額控除を適用している場合（総務省通知6）

・外国に所在する事務所等の規模等からみて，国外所得を区分計算することが困難でないと認められる場合

② 外国の事業に帰属する所得は，法人税で外国税額控除に関する明細書（法人税別表六（二））を提出している場合には，その明細に記載された金額を使用する。法人税で外国税額控除を適用していない場合には，法人税の外国税額控除の規定による計算の例によって算定するか，当該方法により難い場合には，東京都で定める区分計算の方法などによって算定する。

■ 特定内国法人の所得割の課税標準の計算方法の判定方法

【所得割の課税標準の計算方法の判定フロー】

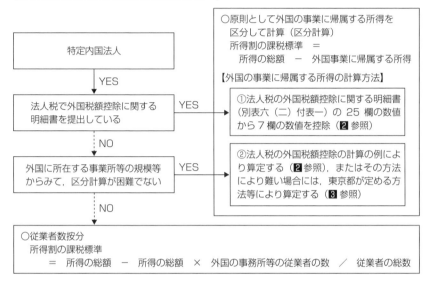

（注１）特定内国法人が外国の事業に帰属する所得を区分して計算する場合には，その
　　　　すべて（欠損金額，付加価値額の計算）について区分計算が必要となる（一部を区分計
　　　　算，一部を従業者数按分という方法は不可）。

（注２）特定内国法人が区分計算して申告した場合には，原則，継続適用する（総務省通
　　　　知11）。

■ 法人税の外国税額控除に関する明細書（法人税別表六（二））の数値を使用する場合

（1）所得の総額の計算

　第六号様式別表五の①～⑯欄で法人税法の所得金額（法人税別表四の34欄）
に外国法人税等の額を減算して所得の総額の計算を行う。

【第六号様式別表五の①〜⑯欄】

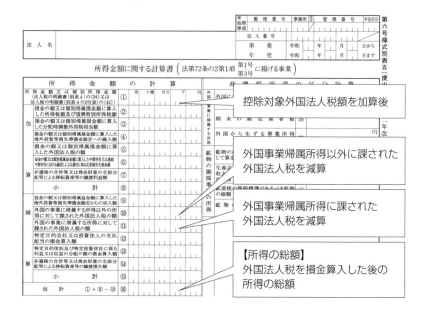

（2）外国の事業に帰属する所得と特定内国法人の所得割の課税標準の計算

　法人税の外国税額控除に関する明細書（法人税別表六（二））で計算された「国外事業所等帰属所得に係る所得の金額（同別表六（二）付表一の25欄）」から「納付した控除外国法人税額等（同付表一の7欄）を控除して外国の事業に帰属する所得を算定する。その後，この第六号様式別表五の⑰〜⑱欄でこの金額を所得の総額（⑯欄）から控除して特定内国法人の所得割の課税標準を算定する。

【第六号様式別表五⑮～⑱欄】

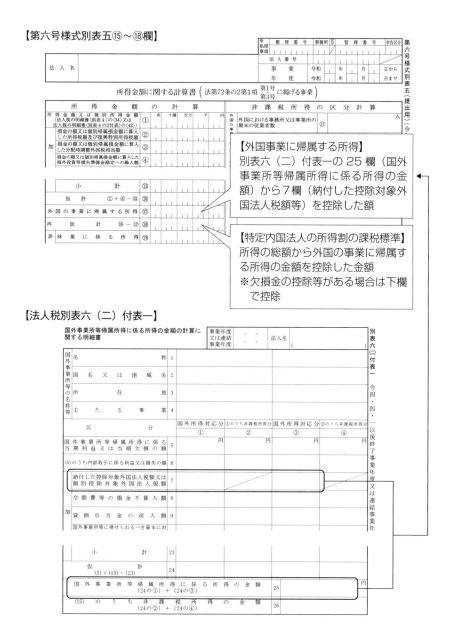

【外国事業に帰属する所得】
別表六（二）付表一の25欄（国外事業所等帰属所得に係る所得の金額）から7欄（納付した控除対象外国法人税額等）を控除した額

【特定内国法人の所得割の課税標準】
所得の総額から外国の事業に帰属する所得の金額を控除した金額
※欠損金の控除等がある場合は下欄で控除

【法人税別表六（二）付表一】

3 外国の事業に帰属する所得の明細を作成して計算を行う方法等
（例：東京都の定める区分計算の方法）

　法人税で外国税額控除を適用していない場合など，外国の事業に帰属する所得の明細を作成して計算を行う。

（1）所得の総額の計算

　第六号様式別表五の①〜⑯欄で法人税法の所得金額（法人税別表四の34欄）に外国法人税等の額を加減算して所得の総額の計算を行う。

【第六号様式別表五①〜⑱欄】

（2）外国の事業に帰属する所得の計算

　以下の点に留意して，外国の事業に帰属する所得の計算を行う。

①売上高・売上原価：国内事業所の売上・売上原価と国外事業所に帰属しない

　　海外の売上・売上原価を国内に，国外事業所に帰属する売上・売上原価を国外に区分して計上する。内部取引控除前の金額を計上する。

②専属経費・収入と共通経費を把握する。本社の全体的経費（管理部門経費，役員報酬，支払利息等）は通常共通経費として取り扱う。

③法人税上の加算減算項目を損益計算において専属又は共通とした区分に従って計算する。

④共通経費を国内と国外に配賦する。配賦基準は，事業内容により異なり，売上高，売上総利益，経費率等の基準を用いる。

【東京都の定める国外所得等の区分計算のイメージ】

科目	総額	国内	国外	共通	留意点
売上高					・PE に帰属しない国外の売上・売上原価は国内に計上
売上原価					
売上総利益					・内部売上がある場合は，内部取引控除前の金額を計上
販売費及び一般管理費					・区分できるものは区分して計上
給与					・支払利息は原則として共通に計上
手数料					
…					
営業利益					
営業外収益					
受取利息					
…					
営業外費用					
支払利息					
…					
経常利益					
特別利益					
特別損失					
税引前当期純利益					
税務加算					・加算減算の対象となった項目を上記の PL の区分と一致
貸倒引当金繰入額					
交際費の損金不算入					
…					
税務減算					
貸倒引当金認容					
…					
法人税所得					
非 PE 外国税金（減算）			—	—	外国事業に帰属する所得以外の所得に対して課された外国法人税
PE 外国税金（減算）		—		—	外国の事業に帰属する所得に対して課された外国法人税の額
仮計					
共通損益配賦				—	管理業務費用など帰属の区分の判定が困難なものについて合理的な基準により配賦する
国内・国外の所得金額				—	

（国内列：国内＝総額△（国外＋共通）／国外列：国外＝PEに専属する損益等）

医療法人の法人事業税に関する計算上の留意点を教えてください。

Answer

① 医療法人は法人事業税の計算上，「特別法人」に該当する。

② 「特別法人」は，資本金の額又は出資金の額にかかわらず，所得割のみが課税され，外形標準課税の対象とはならない。また，所得割の標準税率も低い割合で定められている。

③ 「特別法人」は，前事業年度の事業税の額にかかわらず，中間申告を行う義務がない。

④ 医療法人等に係る所得割の課税標準については，社会保険診療収入は益金の額に算入されず，また，その社会保険診療収入に対応する経費は損金の額に算入されない特例がある。

■1 特別法人の取扱い（地法72の2，72の24の7）

医療法人は，法人事業税の計算上は特別法人に区分される（特別法人の範囲については第3章Q6参照）。特別法人は，他の一般法人と比べ以下のような特別な取扱いが設けられている。

　イ　資本金の額又は出資金の額にかかわらず，所得割のみが課税され，外形標準課税の対象とならない。

　ロ　所得割について軽減税率を適用する場合の区分が，他の一般法人は「所得年400万円以下」「所得年400万円超800万円以下」「所得年800万円超」の3つに区分されるのに対し，特別法人は「年400万円以下」「年400万円超」の2つに区分される。

　ハ　所得割の標準税率が，他の一般法人が7.0％であるのに対し，特別法人は4.9％と低い割合に抑えられている。軽減税率が適用される場合には，他の一般法人がロの3区分について3.5％，5.3％，7.0％と定められているのに対し，特別法人は，ロの2区分について3.5％，4.9％と定められて

いる（令和4年4月1日以後に開始する事業年度の税率。他の時期の税率
は第3章Q2参照）。

ニ　特別法人は，前事業年度の事業税の額にかかわらず，中間申告を行う義
　　務がない。

② 社会保険診療報酬に係る所得の除外計算（地法72の23②③，地令21の6～21の7）

（1）特例規定の概要

法人事業税の所得割の課税標準は，原則として，法人税の各事業年度の所得
金額を基礎として計算される。

しかしながら，医療法人又は社会保険診療に係る所得が常時30％超である
一定の農業協同組合連合会等（以下，医療法人等という）については，法人事
業税の所得割の課税標準の計算上，特例規定が設けられている。

具体的には，医療法人等が社会保険診療報酬支払基金や国民健康保険団体連
合会等から支払いを受ける社会保険診療に係る収入は，法人事業税の所得割の
課税標準の計算上，益金の額に算入されず，当該社会保険診療に係る経費は損
金の額に算入されない。すなわち，社会保険診療に係る所得金額は，法人事業
税の課税標準からは除かれることになる。

（2）益金の額に算入されない収入の額（地法72の23③）

法人事業税の所得割の課税標準の計算上，益金の額に算入されない社会保険
診療収入とは，健康保険法や国民健康保険法，高齢者の医療の確保に関する法
律，船員保険法，母子保健法等の規定に基づく療養の給付，入院時食事療養
費，入院時生活療養費，更生医療の給付，養育医療の給付，療育の給付又は医
療の給付等をいう。

（3）損金の額に算入されない経費

法人事業税の所得割の計算上，益金の額に算入されない社会保険診療収入が
ある場合には，その社会保険診療収入に係る経費は法人事業税の計算上，損金
の額に算入されない。

そのため，原則としてその事業年度の経費について，社会保険診療に係る経費とそれ以外の経費とに区分することが必要となる。

しかし，実務上は個々の経費についてこの区分を行うことは困難であることから，多くの地方自治体が，益金の額から損金の額を控除した後の金額，つまり所得金額を，益金の額に算入される収入と益金の額に算入されない収入の割合により按分して，法人事業税の課税所得を計算する方法を認めている。そのため，申告の際には各地方自治体の医療法人に係る法人事業税の手引き等を確認し，どちらの方法で計算しなければならないかを確認する必要がある。

3 東京都の医療法人等に係る所得金額の計算方法

東京都における法人事業税の課税所得の計算方法は，所得金額を益金の額に算入される収入と益金の額に算入されない収入の割合により按分する方法による。

具体的な方法としては，まず，医業収入や雑収入，利子等及び配当等のすべての収入について，益金の額に算入されない収入，益金の額に算入される収入，按分計算に含まれない収入の3つに区分する。

Chart 東京都の医療法人等に係る所得金額計算上の留意点

益金の額に算入されない収入	社会保険診療収入（上記 2 (2)）
益金の額に算入される収入	自費診療収入，ベット代差額収入，健康診断収入，付添人食事代収入，検査料収入，嘱託収入，利子等及び配当等，電話・テレビ等使用料，訪問介護収入，通所介護収入，還付加算金など（消費税課税事業者が税込経理をしている場合には，課税される収入に含まれる消費税相当額を控除する）
按分計算に含まれない収入	従業員給食収入，院内保育料収入，従業員社宅収入，債務免除益，仕入値引，現金過不足，国等から収入した施設設備や借入に対する補助金，保険解約・満期返戻金のうち運用益以外の部分，租税の還付金など

　次に，この規定の適用前における法人事業税の所得割の計算上の所得金額（第六号様式別表五の再仮計の金額）に，益金の額に算入されない収入と益金の額に算入される収入の合計額に対する益金の額に算入されない収入の割合を乗じる。これにより，法人事業税の所得割の課税標準に含まれない金額（非課税金額）が計算される。その上で所得金額から，この非課税金額を減算して，最終的に法人事業税の所得割の課税標準額を計算する。

【医療法人等に係る所得割の課税所得】

$$\text{所得割の計算上の所得金額} - \text{所得割の計算上の所得金額} \times \frac{\text{益金の額に算入されない収入}}{\text{益金の額に算入される収入} + \text{益金の額に算入されない収入}}$$

４ 手続き（地規5）

　事業税の計算について社会保険診療報酬に係る所得の非課税規定の適用を受ける医療法人等は，確定申告の際，第六号様式別表五（所得金額に関する計算書）を添付する必要がある。その他，地方自治体によって，貸借対照表や損益計算書，課税標準の算定に必要な資料として法人税の申告書の別表四や別表五（一）等の提出も求められる場合がある。

法人事業税が非課税となる場合について教えてください。

① 公共法人が行う事業はすべて法人事業税の非課税となる。

② 林業，鉱物の掘採事業，特定の農事組合法人が行う農業は法人事業税の非課税となる。

③ 公益法人等及び人格のない社団等が行う事業については，その所得又は収入金額で収益事業以外の事業に係るものは法人事業税の非課税となる。

■ 法人事業税の非課税事業の範囲

法人事業税は，その事業の公共性への配慮や政策的な目的から非課税の取扱いを設けている。非課税とされる主な事業は以下のとおりである。

　イ　公共法人が行う事業（地法72の4①）

　ロ　林業，鉱物の掘採事業，特定の農事組合法人が行う農業（地法72の4②③）

　ハ　公益法人等及び人格のない社団等が行う事業のうち，収益事業以外の事業に係るもの（地法72の5）

② 公共法人及び公益法人等の範囲（法法2，地法24⑤，25，72の4，72の5①，通知（県）3章1の2）

（1）公共法人

法人事業税が非課税とされる公共法人は，法人税法に定める公共法人と同範囲である。具体的には国立大学法人，地方公共団体，日本年金機構，日本放送協会（NHK）などがある。

（2）収益事業以外の事業が非課税となる公益法人等

① 公益法人等の範囲

収益事業以外の事業について法人事業税が非課税とされる公益法人等とは次

の法人をいう。

　　イ　法人税法別表第二に規定する独立行政法人

　　ロ　日本赤十字社，社会医療法人，社会福祉法人

　　ハ　管理組合法人，団地管理組合法人，マンション建替組合

　　ニ　特定非営利活動法人（NPO法人）　など

②　収益事業の範囲（地法72の2，地令15，法令5）

　公益法人等や人格のない社団等について法人事業税が課される収益事業とは，法人税法施行令第5条（収益事業の範囲）に定める事業をいい，継続して事業場を設けて行われるものをいう。具体的には次の34種類の事業である。

　＜34種類の収益事業＞

　物品販売業，不動産販売業，金銭貸付業，物品貸付業，不動産貸付業，製造業，通信業，運送業，倉庫業，請負業，印刷業，出版業，写真業，席貸業，旅館業，料理店業その他の飲食店業，周旋業，代理業，仲立業，問屋業，鉱業，土石採取業，浴場業，理容業，美容業，興行業，遊技所業，遊覧所業，医療保健業，技芸教授業，駐車場業，信用保証業，無体財産権の提供等を行う事業，労働者派遣業

外国法人の法人事業税について教えてください。

① 外国法人は，日本支店が国内に所在する等の場合等には，その日本支店の所在する場所等において，内国法人と同様に法人事業税が課される。

② 外国法人の資本金等の額は電信売買相場の仲値により換算した円換算額によって計算され，資本割の課税標準は国内の事業に係る部分として計算された額となる。

■ **外国法人に係る事業税の課税**（地法72の2⑥，72①五，地令10，通知（県）3章1の1，1の4）

外国法人（日本国内に本店又は主たる事務所等を有しない法人）の事業税については，その外国法人が恒久的施設を有する場合には，その場所において，内国法人と同様に事業税を課される。なお，国内に資産があるのみで，事業を行わないものに対しては，事業税を課されない。

恒久的施設（PE＝Permanent Establishment）とは，次に掲げるものをいう。ただし，日本国が締結した租税に関する二重課税防止のための条約において次に掲げるものと異なる定めがあるときは，当該条約の適用を受ける外国法人については，当該条約において恒久的施設と定められたものとする。

イ　外国法人の国内にある支店，工場その他事業を行う一定の場所

ロ　外国法人の国内にある長期建設工事現場等（外国法人が国内において長期建設工事等（建設もしくは据付けの工事又はこれらの指揮監督の役務の提供で1年を超えて行われるもの）を行う場所をいい，外国法人等の国内における長期建設工事等を含む）

ハ　外国法人が国内に置く自己のために契約を締結する権限のある者その他これに準ずる者

❷ 所得割が課される外国法人

　外国法人の所得割の計算は，恒久的施設に帰属する国内源泉所得の金額と恒久的施設に帰属しない国内源泉所得の金額の合計額を課税標準として計算する（地法72の23①二，法法141①一）。

❸ 外形標準課税が課される外国法人

（1）外形標準課税の対象の判定（通知（県）3章1の2）

　外国法人が外形標準課税の対象になるか否かの判定上，資本金の額又は出資金の額は，当該事業年度終了の日の電信売買相場の仲値により換算した円換算額による。なお，電信売買相場の仲値は，原則として，その法人の主たる取引金融機関のものによることとするが，継続適用を要件に，他の合理的な方法によることも認められている。

（2）資本割の計算

　資本割の課税標準の計算上，資本金等の額の算定については，次に掲げる順序により行う（通知（県）3章4の6の4）。

　①　外国の事業以外の事業に係る資本金等の額の算定（地法72の22②，地令20の2の25）

　外国法人の資本割の課税標準となる資本金等の額は，外国の事業に対応する部分を控除して計算する。具体的な控除額は，その資本金等の額に外国法人全体の従業者数の合計のうちに外国の事務所等の従業者数の占める割合を乗じた額とする。

【課税標準となる資本等の金額】

$$資本金等の額　-　資本金等の額　\times　\frac{外国の事務所等の従業者数}{外国法人全体の従業者数の合計}$$

　②　①の計算の結果が1,000億円を超えている場合における資本金等の額の算定（地法72の21⑦，⑧）

上記①により計算した金額が1,000億円を超える場合の課税標準は，資本金等の額に，次の資本金等の額に応じ，それぞれに掲げる割合を乗じて計算した金額の合計額とする。

【資本金等の額に乗じる割合】

1,000億円以下の部分…100%

1,000億円を超え，5,000億円以下の部分…50%

5,000億円を超え，1兆円以下の部分…25%

（1兆円を超える部分…0%）

（3）付加価値割の計算

付加価値額の計算は，報酬給与額，純支払利子及び純支払賃借料と単年度損益について，国内源泉所得により計算する。

Question 32

特別法人事業税について教えてください。

Answer

① 特別法人事業税とは，地域間の財政力格差の拡大等を踏まえ，都市と地方の持続可能な発展のための地方税体系の構築の観点から創設された税金であり，所得割及び収入割の一部を国税化し，国が当該税額を各地方団体に再分配する。

② 特別法人事業税の納税義務者は法人事業税を収める法人である。

③ 特別法人事業税の課税標準は，基準法人所得割額又は基準法人収入割額であり，税額は当該課税標準額に税率を乗じて計算する。

④ 特別法人事業税は国税であるが，申告納付は，法人事業税と併せて都道府県に対して行う。

■ 特別法人事業税の概要

　法人事業税の納付額は都市部に偏っていることから，地域間の財政力格差の拡大等を踏まえ，大都市に税収が集中する構造的な課題に対処し，都市と地方の持続可能な発展のための地方税体系の構築の観点から令和元年度税制改正により特別法人事業税が創設され，令和元年10月1日以後に開始する事業年度から適用されることとなった。改正前は，消費税10%への引き上げ段階において平成20年度の税制改正により創設された地方法人特別税が廃止され，法人事業税に復元されることが予定されていたが，令和元年度の税制改正により，法人事業税の一部を分離して特別法人事業税が創設された結果，地方法人特別税から特別法人事業税への制度移行がなされることとなった。

　特別法人事業税は都道府県から一旦国に払い込む措置が定められており，国はこの払い込まれた金額を特別法人事業譲与税として，人口を基準とし都道府県に再分配する。

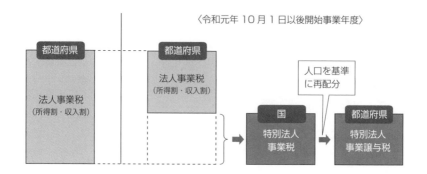

〈令和元年 10 月 1 日以後開始事業年度〉

この特別法人事業税の創設に伴い法人事業税の税率が引き下げられているため，法人の納税負担は改正前後で変わらないとされる。また，特別法人事業税も事業税と同様に，法人税の課税所得の計算上，損金の額に算入されるため，所得計算への影響もない。

2 特別法人事業税の計算方法

特別法人事業税の納税義務者は法人事業税を納税する法人である。特別法人事業税の課税標準は，基準法人所得割額又は基準法人収入割額の税額に税率を乗じて計算する。

【特別法人事業税額の計算方法】

$$特別法人事業税額 = \begin{matrix}基準法人所得割額\\又は\\基準法人収入割額\end{matrix} \times 特別法人事業税の税率$$

基準法人所得割額及び基準法人収入割額の意義，適用される税率は次のとおりである。

（1）基準法人所得割額及び基準法人収入割額

基準法人所得割額とは，地方税法の規定によって計算した所得割額のことをいい，条例により標準税率以外の税率を適用している都道府県については，実際の所得割額ではなく，標準税率で所得割を計算したとした場合の所得割額である。また，事業税の減免等がある場合においてもこれらを適用しないで計算

した金額となる。

　基準法人収入割額についても基準法人所得割額と同様の取扱いとなる。

【基準法人所得割額又は基準法人収入割額の計算方法】

$$
\begin{matrix}
\text{基準法人所得割額} \\
\text{又は} \\
\text{基準法人収入割額}
\end{matrix}
\quad = \quad
\begin{matrix}
\text{所得金額} \\
\text{又は} \\
\text{収入金額}
\end{matrix}
\quad \times \quad \text{法人事業税の税率（標準税率）}
$$

（2）税率

　特別法人事業税の税率についてまとめると，以下の表のとおりとなる。

[Chart] 特別法人事業税の税率表（令和4年4月1日以後に開始する事業年度）

課税標準	法人の区分	税率
基準法人所得割額	①外形標準課税対象法人	260.0%
	②特別法人（注1）	34.5%
	③上記以外の法人	37.0%
基準法人収入割額	電気供給業（下記の事業を除く），導管ガス供給業，保険業	30.0%
	電気供給業（小売電気事業等・発電事業等・特定卸供給事業）（注2）	40.0%
	ガス供給業（特定ガス供給業）	62.5%

（注1）特別法人の意義については，第3章 Q6 参照
（注2）電気供給業（小売電気事業等・発電事業等・特定卸供給事業）に係る所得割については，特別法人事業税は課税されない。

❸ 特別法人事業税の申告納付

　特別法人事業税は国税であるが，申告は法人事業税と併せて都道府県に対して行い，その納付も法人事業税と併せて行う。また，事業年度が6ヶ月を超える法人については，法人事業税と同様に，原則として，中間申告を行う義務がある。

　なお，標準税率以外の税率が適用される法人は，法人事業税の計算とは別に特別法人事業税の課税標準の計算を行う必要がある。申告上は，第六号様式別表十四（基準法人所得割額及び基準法人収入割額に関する計算書）により計算する。当該計算書は標準税率による所得割額又は収入割額に相当する金額を計算する様式であり，提出する申告書に添付する必要がある。

連結納税制度を適用している場合の法人事業税の計算上の留意点について教えてください。

Answer

① 連結納税制度とは，100%資本関係にある法人のグループを1つの納税主体と考え，グループ全体で連結所得を計算し，法人税を課税する制度である。

② 連結納税は法人税にのみ適用される制度であるため，連結納税を適用している場合においても，法人事業税は個々の法人ごとに計算を行う。

③ 法人事業税の所得割の課税標準は法人税の課税標準である所得金額を基礎として計算するが，連結納税を適用している場合には，「個別所得金額」を基礎として計算する。

④ 令和4年4月1日以後開始事業年度から連結納税制度は廃止され，グループ通算制度に移行する。

■ 連結納税の概要

連結納税制度の概要については，第2章Q17を参照されたい。

② 連結納税制度を適用する場合の法人事業税の計算

（1）計算方法の概要

連結納税制度は法人税にのみに適用される制度であり，連結納税を適用している場合においても，法人事業税は個々の法人ごとに計算し，それぞれ申告を行う。この場合の各法人の法人事業税の課税標準額については，次のとおりとなる。

Chart 連結納税制度を適用した場合の事業税の計算

区分	課税標準	課税標準の計算方法
所得割	個別所得金額	地方税法に特別の定めがある場合を除き，個別帰属益金額から個別帰属損金額を控除して計算
付加価値割	付加価値額	収益配分額（報酬給与額＋純支払利子＋純支払賃借料）と単年度損益との合計額により計算。単年度損益は，個別所得金額を基礎として計算する。
資本割額	連結個別資本金等の額	地方税法に特別の定めがある場合を除き，旧法人税法第 2 条第 17 号の 2 に規定する連結個別資本金等の額と同じ計算方法。
収入割	収入金額	連結納税制度適用による影響はない。

（2）所得割の計算における繰越欠損金の取扱い

　法人税の課税標準である所得金額と法人事業税の所得割の課税標準である所得金額は，計算方法の異なる点があるため，完全には一致しない。したがって，繰越控除の対象となる欠損金額についてもそれぞれ独自に管理される。連結納税制度を適用した場合においても，欠損金額の計算が異なるケースがあり，連結納税特有の事由として次のケースがある。

① 　他の連結法人の所得と相殺した欠損金額

　連結法人税の計算において，連結法人間で所得金額と欠損金額の相殺が行われた場合，当該欠損金額は使用済みとなる。つまり，翌期以降に繰り越して所得金額から相殺されることはない。これに対して，法人事業税の計算においては連結納税制度が適用されず，欠損金額を他の連結法人の所得金額と相殺することはできない。そのため，欠損金額は翌期以降に繰り越される。このような場合には，法人税と法人事業税の所得割の欠損金額は一致しないことになる。

② 　連結子法人において切り捨てられた欠損金額

　連結納税を開始した場合や新たに連結納税グループに加入した場合には，連結法人税の計算上，原則として連結子法人の欠損金額は切り捨てられ，翌期以

降に繰り越すことはできない。これに対して，法人事業税の所得割の計算において，は欠損金額が切り捨てられることはないため，法人税と所得割の欠損金額は一致しないことになる。

❸ 連結納税制度の廃止

　令和2年度税制改正により令和4年4月1日以後開始事業年度から連結納税制度は廃止される。連結納税制度適用法人は，取り止めの手続きを行わない限り，そのままグループ通算制度へ移行する。

Question 34

　グループ通算制度を適用している場合の法人事業税の計算上の留意点について教えてください。

Answer

①　グループ通算制度とは連結納税制度の見直しにより創設された制度であり，令和4年4月1日以後開始事業年度から適用される。

②　グループ通算制度は完全支配関係にある企業グループ内の損益通算等を可能とする連結納税制度の枠組みを維持しながら，各法人を納税単位とする簡素な仕組みに見直されている。

③　グループ通算制度は法人税にのみ適用される制度であるため，事業税所得割の課税標準となる所得金額は，損益通算等を適用する前の金額となる。

■ グループ通算制度の概要

　グループ通算制度の概要については，第2章Q19を参照されたい。

② グループ通算制度を適用する場合の法人事業税の計算（地法72の23）

（1）計算方法の概要

　グループ通算制度は法人税にのみに適用される制度であるため，事業税所得割の課税標準は，開始・加入時の繰越欠損金の切捨て，通算法人間における所得金額と欠損金額の通算及び所得金額と繰越欠損金額の通算といったグループ通算制度特有の処理を適用する前の金額となる。また，付加価値割の課税標準の基礎となる単年度損益についても所得割の計算と同様となる。

（2）所得割の計算における繰越欠損金の取扱い

　法人税の課税標準である所得金額と法人事業税の所得割の課税標準である所得金額は，計算方法に異なる点があるため，完全には一致しないケースがある。したがって，繰越控除の対象となる欠損金額についてもそれぞれ独自に管

理される。グループ通算制度を適用した場合においても，欠損金額の計算が異なるケースがあり，グループ通算制度特有の事由として次のケースがある。

① 損益通算をした欠損金額

グループ通算制度を適用している法人が当該事業年度において自社で生じた欠損金額を他の通算法人において生じた所得金額と通算した場合，当該欠損金額は使用済みとなり，翌期以降に繰り越して所得金額から控除されることはない。これに対して，法人事業税の計算においては，グループ通算制度が適用されず，欠損金額を他の通算法人の所得金額と通算することはできない。そのため，欠損金額は翌期以降に繰り越される。このような場合には，法人税と法人単業税の所得割の欠損金額は一致しないことになる。

② 欠損金の通算をした欠損金

グループ通算制度を適用している法人がその有する非特定欠損金額を他の通算法人に配賦し，当該他の通算法人の所得金額から控除した金額は，使用済み欠損金額となり，翌期以降に繰り越して所得金額から控除さることはない。これに対して，法人事業税の計算においては，グループ通算制度が適用されず，欠損金額を他の通算法人の所得金額から控除することはできない。そのため，欠損金額は翌期以降に繰り越される。このような場合には，法人税と法人事業税の所得割の欠損金額は一致しないことになる。

③ 開始・加入に伴い切り捨てられた欠損金

グループ通算制度を開始する場合又はグループ通算制度を適用している法人グループに加入する場合において一定の要件を満たさないときは，その開始・加入時における繰越欠損金を切り捨てる取り扱いがある。これに対して法人事業税の所得割の計算においては，グループ通算制度は適用されず繰越欠損金額が切り捨てられることはないため，法人税と法人事業税の所得割の欠損金額は一致しないことになる。

Question 35

法人事業税の申告納付について教えてください。

Answer

① 法人事業税の納付方法は，納税者自ら納付額を計算し，申告して税額を納める申告納付方式である。

② 事業を行う法人は，各事業年度終了の日から2月以内に，事務所等の所在する都道府県に法人事業税を申告納付しなければならない。なお，一定の要件を満たす場合には，法人の申請に基づいて，申告納付期限を延長する制度がある。

③ 事業を行う法人は，事業年度が6月を超える場合には，事業年度開始の日以後6月を経過した日から2月以内に中間申告を行い，中間納付額を納付しなければならない。ただし，一定の要件を満たす法人については中間申告を要しない。

■ 確定申告及び納付（法法74①，法法75，地法72の25，地法72の28，地法72の48，地令24の3，24の4，24の4の3）

（1）申告方法等

法人事業税の納付方法は，納税者自ら納付額を計算し，申告して税額を納める申告納付方式である。事業を行う法人は，確定した決算に基づいて，各事業年度の終了の日から2月以内に申告納付を行わなければならない。

法人事業税の申告納付先は事務所等が所在する都道府県であるため，その法人の事務所等が2以上の都道府県に所在する場合には，課税標準の総額を事務所等の所在する都道府県に分割（配分）し，その都道府県ごとに税額を計算し，それぞれの都道府県に申告納付を行う。

（2）申告期限の延長

事業税の申告義務のある法人が一定の要件を満たす場合には，その法人の申請に基づいて申告期限を延長することができる。申請は，事務所等が所在する

都道府県に行うが，分割法人については主たる事務所等の所在する都道府県に行えばよく，事務所等の所在するすべての都道府県に行う必要はない。申告期限を延長できる主なケースは次のとおりである。

Chart 確定申告期限を延長できる場合

適用要件	延長期間	手続き
①災害その他やむを得ない理由により決算が確定しないため，事業年度終了の日から 2 月以内に申告納付することができない場合	指定された日まで延長	承認を受けようとする事業年度終了の日から 45 日以内に事務所等の所在地の都道府県知事に承認申請書を提出
②定款等により事業年度終了の日から 2 月以内に定時総会が招集されない常況にあると認められる場合	1 月延長 （申告期限は事業年度終了の日から 3 月以内）	承認を受けようとする事業年度終了の日までに，事務所等の所在地の都道府県知事に承認申請書を提出
③会計監査人を置いている場合で，定款等により事業年度終了の日から 3 月以内に定時総会が招集されない常況にあると認められる場合	1 月から 4 月延長 （申告期限は事業年度終了の日より 3 月から 6 月以内）	
④特別の事情があることにより事業年度終了の日から 3 月以内に定時総会が招集されない常況にあることその他やむを得ない事情がある場合	1 月を超える期間延長	
⑤グループ通算制度を適用する場合において，通算法人が多数に上ること等により，通算法人に適用される規定による所得の金額等の計算を了することができないため，事業年度終了の日から 2 月以内に申告納付することができない常況にある場合	2 月延長 （申告期限は事業年度終了の日から 4 月以内）	承認を受けようとする事業年度終了の日から 45 日以内に事務所等の所在地の都道府県知事に承認申請書を提出

（注） 2以上の都道府県において事務所等を設けて事業を行う法人については，主たる事務所等所在地の都道府県知事に提出する。

❷ 中間申告及び納付（地法72の26）

（1）中間納付額の計算方法

　事業を行う法人は，事業年度が6月を超える場合には，法人事業税の中間納付額を事業年度開始の日以後6月を経過した日から2月以内に申告納付しなければならない。

　法人事業税の中間納付額の計算方法は，前事業年度実績による場合と仮決算による場合とがある。

①　前事業年度実績による場合

【算式】

$$\text{その事業年度開始の日から6月を経過した日の前日までに確定した前事業年度の法人事業税額} \times \frac{6}{\text{前事業年度の月数}}$$

　（注）前事業年度又は当事業年度開始の日から6月を経過した日の前日までの期間内に適格合併があった場合の合併法人については被合併法人の実績も考慮して計算する。

②　仮決算による場合

　その事業年度開始の日から6月の期間を1事業年度とみなして計算した法人事業税額

（2）仮決算による中間申告納付の計算ができない場合

　中間申告納付額の計算において，以下のケースに該当するときは，仮決算による方法を行うことができない（地法72の26①）。

　イ　仮決算により計算した事業税の額が前事業年度実績により計算した事業税を超える場合

　ロ　通算親法人である協同組合等との間に通算完全支配関係がある法人が，所得割を申告納付する場合

（3）みなし申告

　法人事業税の中間申告書を提出すべき法人が，その事業年度開始の日以後6

月を経過した日から2月以内に中間申告書の提出を行わない場合には，その提出期限を経過した時において前年度実績に基づく申告書の提出があったものとみなされる（地法72の26⑤）。

したがって，仮決算により計算した事業税の額が前年度実績により計算した金額よりも少ない場合において，仮決算による申告を想定して納税を済ませたものの，仮決算による中間申告書の提出が期限後となってしまった場合には，納付不足が生じてしまうため注意が必要である。

（4）中間申告を要しない場合

所得割のみを課税される法人のうち，一定の法人については，法人事業税の中間申告を要しないこととされている。中間申告を要しない法人の主な例は次のとおりである。

イ　地方税法第72条の5第1項各号に掲げる法人…日本赤十字社，公益社団法人及び公益財団法人，社会福祉法人，健康保険組合，管理組合法人，特定非営利活動法人など

ロ　人格のない社団等

ハ　地方税法第72条の24の7第5項各号に掲げる法人…特別法人（第3章Q6参照）

ニ　外形標準課税対象法人又は収入割を申告納付すべき法人以外の法人のうち法人税の中間申告書を提出することを要しない法人(注)

（注）　次の算式により計算した金額が10万円以下である法人をいう。

$$前事業年度の確定法人税額 \times \frac{6}{前事業年度の月数}$$

ホ　清算中の法人　など

Question 36

法人が解散し清算をする場合の法人事業税の取扱いについて教えてください。

Answer

① 法人が解散し清算をする場合の法人事業税は，事業年度に応じて取扱いが異なる。

② 外形標準課税法人について，解散事業年度は通常どおり所得割，付加価値割，資本割が課され，清算事業年度においては所得割，付加価値割が，残余財産確定事業年度においては所得割が課される。

■ 解散した場合等のみなし事業年度 （地法72の13⑥㉖，地法72の29）

法人が事業年度の中途において解散をした場合や清算中の法人の残余財産が確定した場合には，みなし事業年度が生じる。清算中の法人の法人事業税の計算は，これらの事業年度に応じて異なる取扱いが定められている。

Chart 解散した場合等のみなし事業年度

事由		みなし事業年度
事業年度の中途において解散（合併による解散を除く）した場合	A	その事業年度開始の日から解散の日までの期間
	B	解散の日の翌日からその事業年度終了の日までの期間
清算中の法人の残余財産が事業年度の中途において確定した場合	C	その事業年度開始の日から残余財産確定の日までの期間

なお，会社法において，清算中の株式会社は各清算事務年度に係る貸借対照表等を作成しなければならないこととされている。この清算事務年度とは，その解散等をした日の翌日又はその後毎年その日に応当する日から始まる各1年の期間とされており，定款に定める事業年度の中途で解散した場合には，当該

定款で定める事業年度と清算事務年度は期間が異なることになる。この場合の法人税の事業年度は清算事務年度とされているため，結果として表中Ｂのみなし事業年度は生じないことになる。

■事例

【3月決算の株式会社が解散した場合】

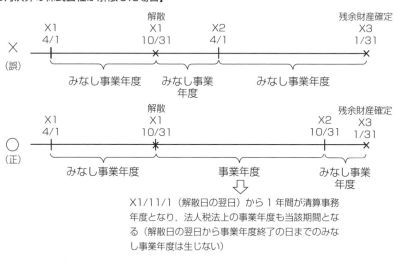

② 事業年度別の課税関係

　法人が解散し清算を行う場合の法人事業税の取扱いを，解散事業年度，清算事業年度，残余財産確定事業年度の3つの期間に区分して確認する。

(1) 解散事業年度

　解散事業年度（解散した日の属する事業年度）においては，地方税法に特別な定めはなく，通常どおりの計算を行う。なお，みなし事業年度が生じる場合には，所得割の軽減税率の所得区分など月数の按分が必要とされる計算において留意が必要となる。

(2) 清算事業年度（(3) を除く）

清算事業年度（清算中の事業年度で，残余財産確定の日の属する事業年度を除く）の法人事業税の計算については，次の点で通常の計算と異なる。

① 外形標準課税の適用判定

外形標準課税の適用対象かどうかの判定は，通常の事業年度においては期末資本金の額又は出資金の額により行われるが，清算事業年度においては，解散の日の現況により判定する（地法72の2②）。

② 所得割の軽減税率の適用判定

所得割の軽減税率不適用法人（3以上の都道府県に所在，かつ，資本金の額又は出資金の額が1,000万円以上）に該当するかどうかの判定は，通常の事業年度においては期末の現況により行われる。清算事業年度においては，資本金の額又は出資金の額の判定は，解散の日の現況により判定し，都道府県数の数は各清算事業年度の末日の現況により行う（地法72の24の7⑧）。

③ 資本割の不適用

清算中の法人（グループ通算制度を適用する通算子法人を除く）については資本金等の額がないものとみなされるため，資本割は課税されない（地法72の21①，④）。

(3) 残余財産確定事業年度

残余財産確定事業年度（残余財産確定の日の属する事業年度）の法人事業税の計算については，次の点で通常の計算と異なる。

① 所得割の課税標準の計算（事業税額の損金算入時期）

法人税法上，事業税の損金算入時期は原則として申告書を提出した日の属する事業年度となるが，残余財産確定事業年度に係る事業税については，当該残余財産確定事業年度の損金の額に算入される（法法62の5⑤）。

これに対し，法人事業税の所得割の計算においては残余財産確定事業年度に係る事業税の損金算入前の所得金額を課税標準とする（地法72の23②）。つまり，所得割の計算上は，残余財産確定事業年度に係る事業税は損金の額に算入されないままとなる。

② 所得割の軽減税率の適用判定

(2) と同様となる。

③ 付加価値割及び資本割の不適用

残余財産確定事業年度については，付加価値割と資本割のいずれも課税されない（地法72の29③）。

第4章

事業所税

　事業所税は，都市環境の整備等に充てるために設けられた目的税であり，地方税法で定める指定都市等において課される税金である。事業者の規模に応じた課税とするため，事業所床面積に対して課される資産割と従業者給与総額に対して課される従業者割がある。

事業所税の概要について教えてください。

Answer

① 事業所税は，企業の都市集中に伴い発生する，いわゆる都市問題を解決するための財源として創設された目的税であり，行政サービスと事業活動が受益関係にあることに着目し，事業規模に応じて課税される。

② 地方税法に定める指定都市等において事業所等を有し，事業を行う法人又は個人は，事業所税の納税義務者となる。

③ 事業所税には，事業所床面積を課税標準とする「資産割」と従業者給与総額を課税標準とする「従業者割」がある。

1 事業所税の概要

　事業所税は，地方税法に定める指定都市等（**5**参照）が課税団体となる市町村税であり，当該課税団体の都市環境の整備に伴う財政需要を賄うための目的税である。

　事業所税の納税義務者は，指定都市等に所在する事業所等において事業を行う法人又は個人であり，行政サービスと事業活動が受益関係にあることに着目し，事業規模に応じて課税される。具体的には，事業所床面積を課税標準とする「資産割」と，従業者給与総額を課税標準とする「従業者割」がある（地法701の32）。

　事業所税は，申告納付方式を採用しており，事業所税の納税義務者は，課税標準の算定期間である事業年度終了の日から2月以内（個人はその年の翌年3月15日まで）に事業所等の所在地である指定都市等に，事業所税の課税標準額及び税額等を記載した申告書を提出し，申告書に記載した税額を納付しなければならない（地法701の46）。なお，法人住民税や法人事業税と異なり申告期限の延長制度はない。

② 資産割の概要（地法701の31，701の42，701の43）

　資産割は法人又は個人が使用する事業所等の床面積を課税標準として，当該床面積1㎡につき600円を乗じて計算した税額が課される。なお，課税標準の算定期間（法人の場合は事業年度）の末日における事業所床面積が1,000㎡以下の場合には，資産割は免除される。

【資産割の計算】

　　資産割　＝　事業所床面積（㎡）× 600 円

③ 従業者割の概要（地法701の31，701の42，701の43）

　従業者割は，法人又は個人が従業者等に支払う給与・報酬等の額を課税標準とし，当該課税標準に0.25％の税率を乗じて計算した税額が課される。なお，課税標準の算定期間（法人の場合は事業年度）の末日における従業者数が100人以下の場合には，従業者割は免除される。

【従業者割の計算】

$$従業者割　＝　従業者給与総額（円）× \frac{0.25}{100}$$

④ まとめ

　事業所税の取扱いについてまとめると以下のとおりである。

Chart 事業所税の取扱いのまとめ

項目	資産割	従業者割
課税対象	事業所等で行われる事業	
納税義務者	事業を行う法人又は個人	
課税標準	事業所床面積	従業者給与総額
税率	1 ㎡につき 600 円	0.25%
申告納付期限	法人…事業年度終了後 2 ヵ月以内（延長制度なし） 個人…翌年の 3 月 15 日まで	
免税点制度	その指定都市等における 事業所床面積が 1,000 ㎡以下(注)	その指定都市等における 合計従業者数が 100 人以下(注)

（注）免税点の規定により納付すべき事業所税がない場合でも，指定都市等の条例の規定により申告書の提出が必要になることがあるため注意が必要となる。

5 課税団体である指定都市等 （地法701の31，735）

事業所税の課税団体である指定都市等は地方税法において列挙されており，具体的には以下に掲げる都市をいう。なお，イの東京都特別区については，区ごとではなく特別区（23区）全体で課税標準その他の計算を行う。行政区を設けているロの指定都市も同様に市全体で計算する。

イ　東京都特別区

ロ　指定都市（札幌市，仙台市，千葉市，さいたま市，横浜市，川崎市，相模原市，新潟市，静岡市，浜松市，名古屋市，京都市，大阪市，堺市，神戸市，岡山市，広島市，北九州市，福岡市，熊本市）

ハ　首都圏整備法に規定する都市（川口市，武蔵野市，三鷹市）

ニ　近畿圏整備法に規定する都市（守口市，東大阪市，尼崎市，西宮市，芦屋市）

ホ　人口30万人以上の都市のうち政令で指定するもの（旭川市，秋田市，郡山市，いわき市，宇都宮市，前橋市，高崎市，川越市，所沢市，越谷市，市川市，船橋市，松戸市，柏市，八王子市，町田市，横須賀市，藤沢市，富山市，金沢市，長野市，岐阜市，豊橋市，岡崎市，一宮市，春日井市，豊田市，四日市市，大津市，豊中市，吹田市，高槻市，枚方市，姫路市，明石市，奈良市，和歌山市，倉敷市，福山市，高松市，松山市，高知市，久留米市，長崎市，大分市，宮崎市，鹿児島市，那覇市）

Question 02

事業所税における事業所等の意義について教えてください。

Point

① 事業所税における「事業所等」とは，事業の必要性から設けられた人的及び物的設備であって，そこで継続して事業が行われている場所をいい，法人住民税や法人事業税における「事務所又は事業所」と基本的には同じである。

② 具体的には，事務所，店舗，工場などの施設をいう。

③ ただし，法人住民税や法人事業税における「事務所又は事業所」とは異なり，従業者が常駐しない倉庫などについても人的設備がある施設と考え，事業所税の対象となる「事業所等」に含まれるものとされる。

■1 事業所等の範囲（通知（市）1章6，9章3 (3)）

　事業所税における事業所等とは，自己が所有しているか否かにかかわらず，事業の必要から設けられた人的又は物的設備で，そこで継続して事業が行われている場所をいう。ここで事業とは，本来の事業のみならず，本来の事業に直接，間接に関連して行われる付随的な事業も含まれる。

　具体的には，事務所，店舗，工場などの施設をいい，自己所有であるか，賃借であるかを問わない。基本的には法人住民税や法人事業税で規定されている「事務所又は事業所」と同範囲である。ただし，法人住民税や法人事業税で規定されている「事務所又は事業所」においては，無人の倉庫や材料置場など従業者が常駐していない施設は人的設備がない施設としてその範囲に含まれないが，事業所税における「事業所等」においては，これを管理する事業所等に附随する施設（人的設備のある事業所等）としてその範囲に含まれるものとされる。屋内の駐車場や会議室用に借りているスペースなども同様に含まれるため留意する必要がある。

❷ 事業所等に含まれないもの

事業所税における事業所等とは，そこで継続して事業が行われる場所をいうため，その場所において事業が継続していなければ事業所等に該当しない。そのため，2～3ヶ月程度の一時的な事業を行うために設けられて現場事務所や，仮小屋は事務所等の範囲に含めない。

また，法人の内部目的で設けられた，従業員の社宅，社員寮等の宿泊施設は事業所等に含めない。

Question 03

資産割の計算方法について教えてください。

Answer

① 資産割は，算定期間の末日における事業所床面積の合計を課税標準として計算する。

② 資産割の税率は，事業所床面積1㎡につき600円である。

③ 事業所床面積の合計が1,000㎡以下の場合には，資産割は課税されない。

④ 事業の性格や施設の用途に鑑み，一定の施設については，非課税制度及び課税標準の特例制度が設けられている。

---

① 法人の場合の納税義務者と免税点

指定都市等において事業を行う法人で算定期間（法人の事業年度）の末日に指定都市等に事業所等を有するものは，事業所税の資産割を納める義務がある。

ただし，事業所税には免税点が設けられており，資産割においては，事業所床面積の合計が1,000㎡以下の場合には，課税されない。

Chart 資産割の納税義務の判定

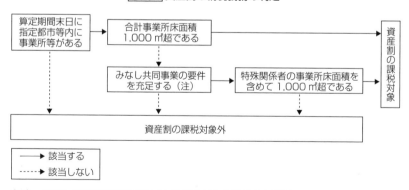

（注） みなし共同事業の取扱いについては第4章Q14参照。

② 貸ビル等に係る事業の納税義務者（通知（市）9章3（4））

法人が貸ビル等の全部又は一部を借りて事業を行う場合には，当該事業を行う法人（借主）が納税義務者となる。したがって，貸ビル等の貸主は貸付部分については，納税義務者とならない。また，貸ビル等に空室がある場合においても，そこで事業は行われていないと考え，貸ビル等の貸主に納税義務は生じない。

③ 資産割の税額計算

（1）課税標準（地法701の40）

資産割の課税標準は，課税標準の算定期間の末日における，その指定都市等に所在する事業所等の事業所床面積である。同一の指定都市等内に事業所等が複数ある場合には，すべての床面積を合計する（その他，資産割の課税標準について留意すべき点については第4章Q5参照）。

（2）税率（地法701の42）

事業所床面積1㎡につき600円を乗じて税額を計算する。

なお，当該税率は地方税法に定める一定税率（第1章Q2③参照）であり，各市町村の条例に基づいて異なる税率を定めることはできない。

【資産割の計算】

> 資産割 ＝ 事業所床面積（㎡）× 600円

（3）資産割の非課税（地法701の34）

病院，診療所，社会福祉施設等の一定の施設に係る事業所等において行う事業に対しては事業所税は課税されない。非課税の適用の有無は課税標準の算定期間の末日の現況によって判定するため，事業年度の中途で非課税の対象となる施設に該当することとなった場合は，当該施設全体が非課税となる（第4章Q15参照）。

（4）課税標準の特例（地法701の41）

教育施設等の一定の施設において行う事業に対して課される事業所税については，課税標準の特例措置が設けられている（第4章Q13参照）。

Question 04

資産割の免税点の判定方法について教えてください。

Answer

① 同一の指定都市等内における事業所等の事業所床面積の合計が 1,000㎡以下の場合には，資産割は免除される。

② 指定都市等の区域内における事業所床面積の合計が 1,000㎡以下であるかどうかは，課税標準の算定期間の末日の現況によって判断する。

■1 資産割の免税点の判定（地法701の43）

同一の指定都市等内における事業所等の事業所床面積の合計が1,000㎡以下である場合には，事業所税の資産割は免除される。免税点の判定は課税標準の算定期間（法人の場合は事業年度）の末日の現況により行い，資産割の非課税となる施設（第4章Q15参照）の床面積がある場合には，当該床面積を含めずに1,000㎡の判定を行う。

■2 みなし共同事業に該当する場合の免税点（地法701の43，地令56の21②，56の75②）

法人が同族会社等の特殊関係者を有する場合において，その特殊関係者の行う事業が同一家屋内で行われている場合は，その特殊関係者の行う事業は共同事業とみなされる（意思を通じて行われているものでなく，かつ，不当に税負担を減少させる結果とならない場合を除く）。この場合における免税点の判定は，法人の事業所床面積に特殊関係者の事業所床面積を合算して免税点の判定を行う（第4章Q14参照）。

■3 事業所等の新設又は廃止があった場合の留意点

法人の事業年度の中途において，事業所等の新設又は廃止があった場合には，資産割の課税標準の計算においては月割計算の調整が必要となる（第4章

Q5参照）が，免税点の判定において月割計算は行わず，事業年度の末日の現況で判定を行う。

Question 05

資産割の課税標準の計算方法について教えてください。

Answer

① 事業所用の家屋内に専ら事業所等の用に供する部分（専用部分）のほか，廊下やエレベーターホールなどの共用部分がある場合には，当該共用部分のうち専用部分に対応する部分の面積を，課税標準となる事業所床面積に加える。

② 算定期間が1年でない場合や算定期間中に事業所等の新設又は廃止があった場合には，課税標準について月割計算の調整を行う。

③ 非課税の対象となる施設及び課税標準の特例の対象となる施設に該当する施設に係る事業所床面積がある場合には，課税標準となる事業所床面積からその全部又は一部除いて計算する。

■ 資産割における課税標準の概要

資産割の課税標準は，課税標準の算定期間（法人の場合は事業年度）の末日における，その指定都市等に所在する事業所等の事業所床面積の合計である。

ただし，以下の場合には課税標準に一定の調整を加える必要がある。

イ　事業所用の家屋内に専ら事業所等の用に供する部分（専用部分）のほか，廊下やエレベーターなどの共用部分がある場合

ロ　算定期間が1年でない場合や算定期間中に事業所等の新設又は廃止があった場合

ハ　非課税の対象となる施設及び課税標準の特例の対象となる施設に該当する施設に係る事業所床面積がある場合（第4章Q13，Q15参照）

② 共用部分がある場合の計算

　例えば，法人がテナントビルの一部を借りて店舗として運営している場合には，当該法人は店舗部分の床面積（専用部分）のみならず，当該ビルの廊下やエレベーターなど共同の用に供される部分（共用部分）についても事業として利用することになる。したがって，その共用部分のうち，その法人の専用部分に対応する面積を課税標準に加える調整を行う。具体的には，共用部分の床面積に家屋全体の専用床面積のうちに当該法人の専用床面積の占める割合を乗じて計算した面積を加える。

【共用部分がある場合の課税標準の算式】

$$\begin{array}{l}\text{当該事業所等の} \\ \text{事業所床面積}\end{array} = \begin{array}{l}\text{当該法人の専用} \\ \text{部分の床面積}\end{array} + \begin{array}{l}\text{共用床} \\ \text{面積}\end{array} \times \dfrac{\text{当該法人の専用部分の床面積}}{\text{専用部分の床面積合計}}$$

※　具体例については第4章Q6参照。

③ 算定期間が1年に満たない場合等の計算

（1）算定期間が1年に満たない場合（地法701の40①）

　法人が新たに設立した場合や事業年度の中途で解散した場合，決算期が1年でない場合などの理由で事業所税の算定期間である事業年度が1年に満たないときは，資産割の課税標準である事業所床面積について月割計算を行う。計算方法は次のとおりである。

【算式】

$$\text{事業所床面積} = \text{算定期間末日の事業所床面積} \times \dfrac{\text{算定期間の月数}\,(※)}{12}$$

※　算定期間の月数は，暦に従って計算し，1月に満たない端数が生じた場合はこれを1月とする。

（2）算定期間の中途で事業所等の新設又は廃止があった場合（地法701の40②）

　法人が事業所税の算定期間である事業年度の中途において事業所等を新設又は廃止した場合には，資産割の課税標準である事業所床面積について月割計算

を行う。計算方法は次の①〜③のとおりである（具体例は第4章Q7参照）。

① 算定期間の中途において新設した場合

【算式】

$$
\text{資産割の課税標準} = \text{算定期間の末日における事業所床面積} \times \frac{\text{新設の日の属する月の翌月から算定期間の末日の属する月までの月数}}{\text{算定期間の月数}}
$$

② 算定期間の中途において廃止した場合

【算式】

$$
\text{資産割の課税標準} = \text{廃止の日における事業所床面積} \times \frac{\text{算定期間の開始の日の属する月から廃止の日の属する月までの月数}}{\text{算定期間の月数}}
$$

③ 算定期間の中途で新設し，かつ，当該算定期間中に廃止した場合

【算式】

$$
\text{資産割の課税標準} = \text{廃止の日における事業所床面積} \times \frac{\text{新設の日の属する月の翌月から廃止の日の属する月までの月数}}{\text{算定期間の月数}}
$$

（注1）　算定期間の月数は，暦に従って計算し，1月に満たない端数が生じた場合はこれを1月とする。

（注2）　算定期間である事業年度が1年未満の場合に，新設・廃止があったときは(1)の算式により計算した事業所床面積に対して，①〜③の按分計算を行う。

（注3）　①の按分算式における分子の月数の計算においては，新設の日の翌月から月数をカウントすることとされているため，算定期間の最終月に事業所等を新設した場合には，分子の月数は0となり課税標準となる事業所床面積も0となる。

なお，同一事業所等内において床面積が増加した場合又は減少した場合はここでいう新設又は廃止には当たらない（同一事業所等内の床面積の増加及び減少の取扱いは第4章Q8参照）。

事業所等に共用床面積がある場合の資産割の課税標準の計算方法について，具体例を用いて教えてください。

Answer

　事業所等の家屋内に共用部分がある場合には，当該共用部分のうち自己の専用部分に対応する部分の面積を，資産割の課税標準となる事業所床面積に加える。

1 事例

　当社は甲ビル（5階建）の5階部分を事務所として賃借している。甲ビルの各階の専用床面積はそれぞれ900㎡（全体4,500㎡）であり，共用床面積は600㎡である。

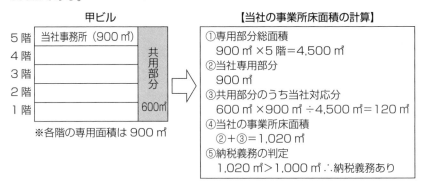

甲ビル

5階	当社事務所（900㎡）	共用部分
4階		
3階		
2階		
1階		600㎡

※各階の専用面積は900㎡

【当社の事業所床面積の計算】

①専用部分総面積
　900㎡×5階＝4,500㎡
②当社専用部分
　900㎡
③共用部分のうち当社対応分
　600㎡×900㎡÷4,500㎡＝120㎡
④当社の事業所床面積
　②＋③＝1,020㎡
⑤納税義務の判定
　1,020㎡＞1,000㎡ ∴納税義務あり

2 実務⊕の留意点

　事業所等を他の者から賃借する場合，賃貸借契約書には借手の専用部分の床面積のみが記載されており，共用部分の床面積や家屋全体の床面積が不明である場合が多い。したがって，事業所税の計算の基礎となる共用部分などについては，貸手であるビルのオーナー等に確認をする必要がある。特に，専用床面積は1,000㎡以下であっても，共用部分を加算すると免税点を超えるケースも想定されるため，注意が必要である。上記の具体例であれば，専用床面積は

900㎡であり，1,000㎡以下（免税点以下）であるものの，当社対応分の共用床面積として計算された120㎡を加算すると1,020㎡となり納税義務が生じることになる。

事業所等を新設した場合又は廃止した場合の資産割の課税標準の計算方法について，具体例を用いて教えてください。

Answer

　課税標準の算定期間の中途において新設又は廃止された事業所等がある場合には，資産割の課税標準となる事業所床面積について月割計算が必要となる。

---

① 事例

【新設の場合】

　当社は当期（X1年4月1日〜X2年3月31日）の9月20日において神奈川県相模原市（事業所税の課税団体である指定都市等に該当）に事業所を新設した。資産割の課税標準となる事業所床面積は1,260㎡である。相模原市内においてこれ以外に事業所はない。

　　イ　納税義務の判定

　　　1,260㎡　＞　1,000㎡　∴納税義務あり

　　（注）　納税義務の判定上は月割計算を行わず，算定期間末日の事業所床面積で判定する。

　　ロ　課税標準額の計算

　　　1,260㎡×6月／12月＝630㎡

　　（注）　按分算式の分子の月数は，新設の日の属する月の翌月から事業年度の末日の属する月までの月数となる（9月20日の翌日10月から3月までであるため，6月で計算）。

　　ハ　税額の計算

　　　630㎡×600円＝378,000円

【廃止の場合】

当社は当期（X1年4月1日〜X2年3月31日）の12月15日において東京都特別区（事業所税の課税団体である指定都市等に該当）の新宿区にある事業所を廃止した。当該事業所における資産割の課税標準となる事業所床面積は720㎡である。東京都特別区においてはこのほか江東区に事業所を有しており，資産割の課税標準となる事業所床面積は2,500㎡（期中に異動はない）である。

　イ　納税義務の判定

　　2,500㎡　＞　1,000㎡　∴納税義務あり

　（注）　納税義務の判定上は月割計算を行わず，算定期間末日の事業所床面積で判定する。したがって，新宿区0㎡＋江東区2,500㎡＝2,500㎡となる。

　ロ　課税標準額の計算

　　720㎡×9月／12月＋2,500㎡＝3,040㎡

　（注）　按分算式の分子の月数は，事業年度開始の日の属する月から廃止の日の属する月までの月数となる（4月から12月までであるため，9月で計算）。

　ハ　税額の計算

　　3,040㎡×600円＝1,824,000円

② 実務上の留意点

法人住民税の均等割額の計算や法人事業税の分割基準の計算における事務所又は事業所の新設の日又は廃止の日は，法人が実際に事業を開始した日又は終了した日となる（例えば店舗であれば店をオープンした日が新設の日となる）。これに対して事業所税の計算における事業所等については，事業の準備期間等を含むこととされる。したがって，原則として，賃借をした事業所等であれば，新設の日は賃貸借契約の開始日となり，廃止の日は賃貸借契約の終了日である。

事業年度の中途において同一事業所等内の床面積が増加した場合又は減少した場合の課税標準の計算方法について，具体例を用いて教えてください。

事業年度の中途において，事業所等の拡張又は縮小のため同一事業所等内の事業所床面積に増減が生じた場合においても，月数按分は行わず，課税標準の算定期間の末日における事業所床面積が課税標準となる。

課税標準の算定期間（法人の場合は事業年度）の中途において，同一ビル内の事務所を借り増しした場合や一部契約解除したこと等により，事業所床面積に増減が生じた場合においても，その算定期間の末日における現況により，課税標準を計算する。したがって，事業所等の新設又は廃止の場合のような，月割計算は行わない。

■事例

当社は兵庫県姫路市（事業所税の課税団体である指定都市等に該当）に所在する4階建ての甲ビル内に事務所を有している。当期（X1年4月1日〜X2年3月31日）の1月25日において，従来から賃借している4階（専用床面積800㎡）の事務所に加え，3階（専用床面積800㎡）についても賃貸借契約を開始した。甲ビルの専用床面積の合計は3,200㎡であり，全体の共用床面積は，700㎡である。

1 納税義務の判定

① 専用床面積　800㎡＋800㎡＝1,600㎡

② 共用床面積　$700㎡ \times \dfrac{1,600㎡（①の面積）}{3,200㎡（専用床面積の合計）} = 350㎡$

③ 合計　①＋②＝1,950㎡＞1,000㎡　∴納税義務あり

（注）　算定期間の末日の現況で納税義務を判定するため，増床分の床面積も含めて判

定する。

2　課税標準額の計算

1,950㎡（1の「納税義務の判定」と同様の計算）

（注）　同一事業所等内において，床面積を増加又は減少させた場合には，事業所等の
　　新設又は廃止と異なり，月数按分を行わず，算定期間の末日の床面積が課税標準
　　となる。

3　税額の計算

1,950㎡×600円＝1,170,000円　※月数按分は行わない。

	甲ビル			甲ビル	
4階	当社事務所（800㎡）	共用面積700㎡	⇒増床	当社事務所（800㎡）	共用面積700㎡
3階				当社事務所（800㎡）※	
2階					
1階					
	専用床面積合計3,200㎡			専用床面積合計3,200㎡	

従業者割の計算方法について教えてください。

① 従業者割は，算定期間中に指定都市内で支払われた従業者給与総額を課税標準として計算する。

② 従業者割の税率は 0.25％である。

③ 指定都市内の従業者数が 100 人以下の場合には，従業者割は課税されない。

④ 事業の性格や施設の用途に鑑み，一定の施設については，非課税制度及び課税標準の特例制度が設けられている。

■1 法人の場合の納税義務と免税点（地法701の32，701の43）

指定都市等において事業を行う法人で算定期間（法人の事業年度）の末日において指定都市等に事業所を有するものは，事業所税の従業者割を納める義務がある。

ただし，事業所税には免税点が設けられており，従業者割においては指定都市等における従業者の数の合計が100人以下の場合には，課税されない。

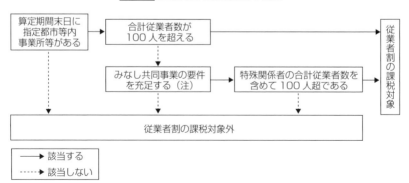

Chart 従業者割の納税義務の判定

（注）みなし共同事業の取扱いについては第4章Q14参照。

2 従業者割の税額計算

(1) 課税標準（地法701の40）

　従業者割の課税標準は，課税標準の算定期間中に，その指定都市等内の事業所等に勤務すべき者に対して支払われた給与等の額の合計額（以下「従業者給与総額」という）である（従業者給与総額の範囲については第4章Q11参照）。

(2) 税率（地法701の42）

　課税標準の算定期間中に支払われた従業者給与総額に0.25％を乗じて税額を計算する。

　なお，当該税率は地方税法に定める一定税率（第1章Q2 3 参照）であり，各市町村の税率に基づいて異なる税率を定めることはできない。

【従業者割の計算】

$$従業者割　＝　従業者給与総額（円）　\times \frac{0.25}{100}$$

(3) 従業者割の非課税（地法701の34）

　病院，診療所，社会福祉施設等の一定の施設に係る事業所等において行う事業に対しては事業所税は課税されない。非課税の適用の有無は課税標準の算定期間の末日の現況によって判定するため，事業年度の中途で非課税の対象となる施設に該当することとなった場合は，当該施設全体が非課税となる（第4章Q15参照）。

(4) 課税標準の特例（地法701の41）

　教育施設等の一定の施設において行う事業に対して課される事業所税については，課税標準の特例措置が設けられている（第4章Q13参照）。

従業者割の免税点の判定方法について教えてください。

同一の指定都市等内における事業所等の従業者の数の合計が 100 人以下の場合には，従業者割は免除される。

■ 従業者割の免税点の判定

同一の指定都市等内における事業所等の従業者数の合計が100人以下である場合には，事業所税の従業者割は免除される。免税点の判定は課税標準の算定期間（法人の場合は事業年度）の末日の現況により行うが，その算定期間中に従業者数に著しい変動があった場合は，一定の算式で算定した人数により判定を行う（下記■参照）。

また，事業所税の非課税の対象となる施設に係る従業者は，免税点の判定においてもその人数から除外する。

■ 従業者数に著しい変動がある場合（地令56の73）

事業所等において，課税標準の算定期間中に，従業者数に著しい変動があった場合，算定期間の末日の従業者数ではなく，下記算式により求めた従業者数を用いて免税点の判定を行う。

なお，著しい変動があった場合とは，事業所等における，課税標準の算定期間に属する各月の末日現在における従業者数のうち，最大であるものの数値が最少であるものの数値の2倍を超える場合をいう。

【算式】

従業者数 ＝ 算定期間に属する各月末日現在の従業者数の合計 ÷ 算定期間の月数

■事例

【当社の各月末日の従業者数の推移】

4月	5月	6月	7月	8月	9月	10月	11月	12月	1月	2月	3月	合計
50	60	60	60	60	60	60	60	75	75	110	110	840

1　著しい変動の判定

①　従業者数最大月における従業者数…110人

②　従業者数最少月における従業者数…50人

③　判定…①>②×2　∴　該当する

2　免税点判定

①　従業者数　…　840人　/12ヶ月＝70人

②　①≦100人　∴　納税義務なし

---

３ みなし共同事業に該当する場合の免税点（地法701の43, 地令56の21②, 56の75②）

　法人が同族会社等の特殊関係者を有する場合において, その特殊関係者の行う事業が同一家屋内で行われているときは, その特殊関係者の行う事業は共同事業とみなされる（意思を通じて行われているものでなく, かつ, 不当に税負担を減少させる結果とならない場合を除く）。この場合における免税点の判定は, 法人の従業者数に特殊関係者の従業者数を合算して行う（第4章Q14参照）。

４ 従業者の意義（地法701の31, 通知（市）9章3（6）イ）

　事業所税における従業者の意義については, 役員を含むこととされる以外には地方税法及び取扱通知等において明確な定めがない。実務上は, 各指定都市等が公表している手引き等を参考にしながら判断を行うことになる。以下東京都主税局が公表している「事業所税の手引」に基づいて解説する。

　従業者とは, 事業所等において, 給与等の支払いを受ける一般の従業者のほか, 役員（無給の役員を除く）や日雇いの臨時従業者を含む。ただし, パート

タイマーは従業者から除かれる。ここでパートタイマーとは，就業規則等で定められた勤務時間が，当該事業所等の正規従業者と比較して4分の3未満の者をいう。

　出向契約に基づく出向社員と「労働者派遣事業の適正な運営の確保及び派遣労働者の保護等に関する法律」（以下「派遣法」という）に基づく派遣労働者の取扱いは以下のとおりである。

Chart 出向者と派遣労働者の取扱い

従業者の区分		免税点の判定
出向者	給与負担が出向元	出向元の従業者に含める
	給与負担が出向先	出向先の従業者に含める
	出向元と出向先のいずれもが給与を負担	給与支払額の多い法人の従業者に含める
派遣法に基づく派遣労働者		派遣元（派遣会社）の従業者に含める

（注）　いずれも，従業者が業務に従事する事業所が所在する指定都市等の従業者に含める（派遣労働者であれば，派遣先における勤務地が指定都市等内であれば，当該指定都市等の従業者に含める）。

Question 11

従業者割の課税標準である給与等の範囲について教えてください。

Answer

① 従業者給与総額は，従業者に対して支払われる給与等の総額をいい，障害者，年齢65歳以上の者に対する給与等を除く。

② 従業者給与総額には，退職金，年金等は含まれない。

■ 従業者給与総額に含まれるもの （通知（市）9章3（6）イ）

従業者給与総額は，従業者（役員を含む）に対して支払われ，又は支払われるべき，俸給・給与・賃金及び賞与並びにこれらの性質を有する給与の総額をいう。原則として所得税法上給与所得となる給与額であり，俸給，給料，賃金賞与，住居手当，扶養手当等が含まれる。

■ 従業員給与総額に含まれないもの （地法701の31，通知（市）9章3（6）イ）

障害者（注1），高齢者（注2）に対する給与等は，従業者給与総額に含めない。ただし，これらの者であっても役員に対する給与等は従業者給与総額に含める。

高齢者・障害者の判定は，その者に対して支払う給与等の計算の基礎となる期間の末日の現況により判断する。例えば，給与の計算が10日締め25日払いの場合において，2月18日に65歳となる者がいるときは，3月10日締め3月25日払い以後に支給される給与額を従業者給与総額から除くことになる。

なお，退職金，年金，外交員等の業務に関する報酬で，所得税法上給与所得に該当しないものは従業者給与総額に含まれない。

（注1）障害者…所得税の障害者控除の対象となる者及び精神障害者保健福祉手帳の交付を受ける者をいう。

（注2）高齢者…65歳以上の者をいう。

従業者種別ごとの取扱い

従業者		免税点判定	課税標準
パートタイマー		従業者に含めない	従業者給与総額に含める
日雇い等の臨時従業員		従業者に含める	従業者給与総額に含める
高齢者（役員以外）		従業者に含める	従業者給与総額に含めない
障害者（役員以外）		従業者に含める	従業者給与総額に含めない
役員	高齢者に該当する役員	従業者に含める	従業者給与総額に含める
	障害者に該当する役員		
	その他の役員		

Question 12

　従業者に雇用改善助成対象者がいる場合の従業者割の課税標準の特例について教えてください。

Answer

　従業者が雇用改善助成対象者である場合には，当該従業者の給与等の２分の１に相当する金額を従業者給与総額から控除する。

■ 雇用改善助成対象者の意義 （地令56の17の2，地規24の2）

　雇用改善助成対象者とは，年齢が55歳以上65歳未満の従業者のうち，雇用保険法等の国の雇用に関する助成の対象となっている者で，特定求職者雇用開発助成金等の支給，作業環境に適応させるための訓練を受けた者をいう。

■ 雇用改善助成対象者の給与等の特例

　従業者に雇用改善助成対象者がいる場合には，従業者割の課税標準となる従業者給与総額の算定は，その者の給与等の額の2分の1に相当する額を除いて計算する。

事業所税の課税標準の特例の対象となる施設について教えてください。

　事業所税については課税標準の特例制度が定められており，各種学校，ホテル・旅館等の特例対象施設については，資産割又は従業者割の課税標準からそれぞれの施設ごとに定められた控除割合相当分を控除する。

■ 課税標準の特例の概要（地法701の41）

　課税標準の特例とは，地方税法に定める特定の事業所等で行われる事業について，事業所税の課税標準の一部を減額する制度である。

　地方税法においては特例の対象となる施設について，それぞれ施設ごとに資産割又は従業者割の控除割合が定められており，事業所床面積又は従業者給与総額に当該控除割合を乗じて算出した面積又は金額を課税標準の計算上控除する。

【課税標準の特例の算式】

　　(1)　資産割の課税標準　＝　事業所床面積　－（　事業所床面積　×　控除割合　）

　　(2)　従業者割の課税標準　＝　従業者給与総額　－（　従業者給与総額　×　控除割合　）

② 特例対象施設（地法701の41）

　課税標準の特例の対象となる施設として地方税法に定める施設及び当該施設に係る控除割合の主な例は次のとおりである。

Chart 主な特例施設と控除割合

対象施設	要件概要	控除割合	
		資産割	従業者割
協同組合等	法人税法に規定する協同組合等が本来の事業の用に供する施設	1/2	1/2
各種学校等	学校教育法に規定する専修学校，各種学校が直接教育の用に供する施設	1/2	1/2
公害防止施設等	事業活動によって生じるばい煙，汚水，廃棄物等の処理その他公害防止のための施設	3/4	－
ホテル, 旅館用施設等	旅館業法に規定するホテル営業又は旅館営業の用に供する施設で宿泊の用に係る施設	1/2	－
港湾施設のうち一定のもの	港務通信施設，旅客乗降用固定施設，手荷物取扱所，待合所及び宿泊所，船舶役務用施設	1/2	1/2
倉庫業者の倉庫	倉庫業法に規定する倉庫業者がその本来の事業の用に供する倉庫	3/4	－
タクシー事業用施設	タクシー事業者がその本来の事業の用に供する施設で，事務所以外の施設	1/2	1/2

３ 特例の適用

　課税標準の特例の適用を受けるものであるかどうかの判定は，課税標準の算定期間（法人の場合は事業年度）の末日における現況により行う。ただし，課税標準の算定期間前に事業所等を廃止している場合には，その廃止の直前において判定する。

みなし共同事業の免税点判定の特例について教えてください。

Answer

① 法人が子会社等の特殊関係者と同一家屋内で事業を行う場合には，その法人は特殊関係者と共同して事業を行うものとみなされる。

② 法人がその特殊関係者との間で共同して事業を行うとみなされた場合には，その法人の事業所等の事業所床面積及び従業者数に，その特殊関係者の事業所等の事業所床面積及び従業者数を加えて免税点の判定を行う。

③ 共同事業とみなされた場合には，その法人は特殊関係者の納付税額に対して連帯納税義務を負う。

■ みなし共同事業の概要

法人が子会社等の特殊関係者と同一家屋内で事業を行っている場合には，その特殊関係者の事業は，当該法人との共同事業とみなされ，事業所税の免税点の判定等において特別な取扱いが生じる。

このみなし共同事業の制度は，事業を分割して別法人で行う等，事業の経営形態の違いによって税負担に不均衡が生じないようにする趣旨で設けられている。

② みなし共同事業に該当する場合の免税点と課税標準

特殊関係者を有する者は，自らが行う事業に係る事業所床面積及び従業員数と共同事業とみなされた特殊関係者が行う事業に係る事業所床面積及び従業員数を合計して，免税点の判定を行う。

ただし，課税標準については自己の事業のみに係る部分で計算するため，特殊関係者の数値は加算しない。

■事例

甲ビル

当社事務所（700 ㎡）	4 階
	3 階
A 社事務所 500 ㎡	2 階
	1 階

※A 社…当社の 100％子会社であり，
特殊関係者に該当する。

【A 社事業がみなし共同事業に該当する場合】

①免税点
　当社の免税点の判定は，
　700 ㎡ ＋ 500 ㎡ ＝1,200 ㎡
　となり，免税点（1,000 ㎡）を超えるため，
　納税義務が生じる。

②課税標準
　当社の課税標準は，単独事業部分である，
　700 ㎡となる。

③ 連帯納税義務（地法10の2）

　法人が他の事業者と共同事業を行う場合には，事業者ごとの事業所税の課税標準等はそれぞれ指定都市等に申告することになるが，それぞれが他方の事業者の税額について連帯納税義務を有することになる。法人がその特殊関係者と共同で事業を行うとみなされた場合についても同様に，それぞれ連帯納税義務が生じる（地法10，民法432〜434，437〜439）。

④ 特殊関係者の意義（地法701の32，地令5）

　特殊関係者とは，親族その他の特殊の関係のある個人又は同族会社等をいい，下記のいずれかに該当する者をいう。

　イ　配偶者及び直系血族，兄弟姉妹

　ロ　親族イに掲げる者を除く六親等内の血族及び三親等内の姻族で，特殊関係者を有する者（以下「その者」とする）から金銭等のその他の財産により生計を維持している者

　ハ　使用人等で，その者から金銭等のその他の財産により生計を維持している者

　ニ　イからハに該当する者と関係がある個人で，その者から金銭等のその他の財産により生計を維持している者

　ホ　その者が同族会社である場合に，同族会社の判定の基礎となった，株主

等である個人及びその株主とイからニの関係に該当する者

　ヘ　その者を同族会社の判定の基礎とした場合の同族会社

　ト　その者が同族会社である場合において，その者についての同族会社の判定の基礎となった株主等（これらの者とイからニまでに該当する関係がある個人及びこれらの者を判定の基礎として同族会社に該当する他の会社を含む）の全部又は一部を同族会社の判定の基礎とした場合に同族会社に該当する他の会社

■事例

1　上記ホのケース

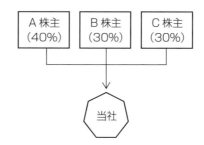

①　前提条件

・当社はA，B，Cが株主（カッコ内は株式保有割合）である同族会社である。

②　特殊関係者の範囲の判定

・各株主及びその株主と**4**イ〜ニの関係にある者が当社の特殊関係者に該当する。

2　上記へのケース

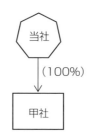

①　前提条件

・当社は甲社の親会社（カッコ内は株式保有割合）である。

②　特殊関係者の範囲の判定

・甲社は当社の特殊関係者に該当する（**4**へ）。

　4 ヘにおいて，「その者」＝「当社」，「同族会社」＝「甲社」となり，当社を同族会社の判定の基礎とした場合に同族会社となる甲社は当社にとっての特殊関係者となる。これに対して甲社にとっての当社は，**4** イ〜トのいずれにも該当しないため，特殊関係者とはならない。

3　上記トのケース

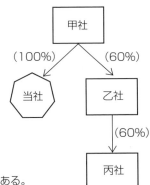

①　前提条件
・当社は甲社の子会社である。
・乙社は，甲社の子会社である。
・丙社は，乙社の子会社である。
　※カッコ内は株式保有割合
②　特殊関係者の範囲の判定
・甲社は当社の特殊関係者に該当しない。
・乙社，丙社は当社の特殊関係者に該当する（**4**ト）。

　4 トにおいて「その者」＝「当社」，「その者についての同族会社の判定の基礎となった株主等」＝「甲社」となり，「甲社を同族会社の判定の基礎とした場合に同族会社に該当する他の会社」＝「乙社」となることから，乙社は当社にとっての特殊関係者となる。
　また，**4** トのカッコ書きにおける，「これらの者を判定の基礎として同族会社に該当する他の会社」＝「乙社」となり，「乙社を同族会社の判定の基礎とした場合に同族会社に該当する他の会社」＝「丙社」となることから，丙社も当社にとっての特殊関係者となる。これに対して，当社にとっての甲社は**4**イ〜トのいずれにも該当しないため，特殊関係者とはならない。

事業所税の非課税及び減免について教えてください。

Answer

① 事業所税においては，その税目の趣旨及び目的等を勘案し，地方税法において非課税措置を設けている。

② 多くの指定都市等は，事業所税の非課税措置及び課税標準の特例措置との均衡を図り，また，学術文化，中小企業の産業振興などの観点から，条例により税額の一部又は全部を免除している。

1 非課税措置

（1）概要（地法701の34）

事業所税においては，その趣旨及び目的等を勘案し非課税の措置が講じられている。非課税措置の内容として，事業を行う者の性格に着目して非課税とする「人的非課税」と施設の用途に着目して非課税とする「用途非課税」がある。

非課税の適用を受けるものであるかどうかの判定は，課税標準の算定期間（法人の事業年度）の末日の現況による。

（2）非課税事業とそれ以外の事業を合わせて行う場合（地令56の49）

非課税の規定の適用を受ける事業と，それ以外の事業を合わせて行っている場合の，従業者給与総額の算定は，それぞれの事業に従事した分量に応じてその者の給与等の額を按分して算定する。

（3）非課税対象施設（地法701の34）

事業所税の非課税とされる施設等の主な例は以下のとおりである。

Chart 主な非課税施設

対象施設	要件概要	適用の有無	
		資産割	従業者割
国及び公共法人	国，非課税独立行政法人及び非課税地方独立行政法人並びに法人税法に規定する公共法人	有	有
公益法人等	法人税法に規定する公益法人等又は人格のない社団等が行う収益事業以外の事業	有	有
教育文化施設	博物館，図書館，幼稚園	有	有
公衆浴場	知事が入浴料金を定める公衆浴場	有	有
病院・診療所等	医療法に規定する病院又は診療所，介護保険法に規定する介護老人保健施設並びに看護師等医療関係者の養成所	有	有
社会福祉施設等	社会福祉施設，保護施設，児童福祉施設，老人保健施設，障害者支援施設等	有	有

❷ 農業協同組合連合会の非収益事業

　令和元年度税制改正により，都道府県農業協同組合中央会から組織変更した農業協同組合連合会の非収益事業に対する非課税措置が創設された。

　都道府県農業協同組合中央会（都道府県中央会）から組織変更した農業協同組合連合会のうち，平成27年の農業協同組合法等の一部を改正する等の法律（農協法改正法）附則により，その名称に引き続き農業協同組合中央会という文字を用いることができるものについては，令和元年9月30日以降も法人税法第2条第6号の公益法人等とみなし，非収益事業に対する非課税措置を講ずることとされた（地法附則32の3）。

❸ 条例による減免制度

(1) 概要

　多くの指定都市等は，地方税法における事業所税の非課税措置及び課税標準の特例の適用との均衡を図り，また，学術文化，中小企業の産業振興などの観

点から，条例により税額の一部又は全部を免除する措置を設けている。

(2) 東京都の場合（都条例188の23，都条例規36の3）

東京都においては次に掲げる場合において，知事が必要と認める場合には，事業所税の一部又は全部を免除する。なお，課税標準の減免を受けようとする場合は，事業所税の納税義務者は，事業所税の申告納付期限までに「事業所税減免申請書」を提出しなければならない。

イ 災害等により事業所用家屋が滅失し，又は甚大な損害を受けた場合

ロ 特定の業種における特定の施設（教科書出版用事業施設，指定自動車教習所，酒類卸売業者の保管用，タクシー事業用施設など23種類の施設）において事業を営む場合

Question 16

事業所税の申告及び納付について教えてください。

Answer

① 事業所税の納税義務者である法人は，各事業年度終了の日から2月以内に事業所税の申告書を指定都市等に提出し，その申告した税額を納付しなければならない。

② 事業所税には，申告期限の延長制度及び中間納付制度はない。

③ 免税点以下である場合でも，申告書を提出しなければならない場合がある。

④ 指定都市等の区域内で事業所を新設又は廃止した場合，及び，事業所用家屋を貸し付けた場合には，その旨その他必要な事項を指定都市等に申告しなければならない。

⑤ 新型コロナウイルス感染症の影響により期限までに申告・納付等をすることができないやむを得ない理由がある場合には，申請を行うことにより申告・納付期限の延長を行うことができる。

１ 納税及び申告

事業所税の納税義務者である法人は，各事業年度終了の日から2月以内に，事業所税の課税標準及び税額その他必要な事項を記載した申告書を，指定都市等に提出し，その申告書に記載した税額を納めなければならない。

事業所税には申告期限の延長制度が定められていないため，法人税，住民税，事業税について申告期限の延長をしている場合においても，事業年度終了の日から2月以内が申告期限となる。また，中間納付の制度も定められていないため，事業年度につき1回の申告納付となる。

２ 免税点以下申告（地法701の46，701の47，都条例188の17④，都条例規17の4）

指定都市等において事業所税の免税点以下であることにより納税義務がない

場合においても，指定都市等は，条例の定めにより，事業所税の申告書を提出させることができる。

東京都都税条例の場合，下記のいずれかに該当するときは，免税点以下であっても事業年度終了の日から2月以内に通常の申告書に準じた申告書を東京都知事に提出しなければならない。

イ　前事業年度において事業所税の納税義務を有していた場合

ロ　事業年度の末日において，事業所等の合計事業所床面積が800㎡を超える場合

ハ　事業年度の末日において，事業所等の合計従業者数が80人を超える場合

(注)　横浜市における免税点以下申告の要否判定は，資産割は事業所等の合計事業所床面積が700㎡超の場合，従業者割は事業所等の合計従業者数が70人を超える場合となっている（横浜市市税条例129の7④）。また，福岡市においては前事業年度において事業所税の納税義務を有していた場合にのみ免税点以下申告が必要となっている（福岡市市税条例施行規則19）。以上のとおり，指定都市等の条例等によって免税点以下申告の要否判定は異なることから注意が必要となる。

❸ 事業所税の賦課徴収に関する申告義務（地法701の52，都条例188の21）

(1) 事業所等の新設又は廃止の申告

指定都市等の区域内において事業所等を新設し，又は廃止をした場合には，指定都市の条例で定めるところにより，その新設又は廃止した旨その他必要な事項を，指定都市等に申告しなければならない。

東京都都税条例の場合，その新設又は廃止の日から1月以内に，事業所等の所在地，事業所床面積及び従業者数などを東京都知事に申告しなければならない。

(2) 事業所用家屋の貸付等申告

事業所税の納税義務者に事業所用家屋の貸付けを行う者は，指定都市等の条例で定めるところにより，当該事業所用家屋の床面積その他必要な事項を，指

定都市等に申告しなければならない。

　東京都都税条例の場合，新たに事業所用家屋を貸し付けた場合，当該貸付けを行った日から2月以内に，当該事業所用家屋の所在地及び事業所床面積，並びに賃借人の住所及び名称などを東京都知事に申告しなければならない。

❹ 新型コロナウイルス感染症の影響による申告・納付期限の延長

　新型コロナウイルス感染症の影響により，通常の業務体制が維持できないことや，取引先や関係会社においても感染症による影響が生じていることにより決算作業が間に合わない等，やむを得ない理由により期限までの申告・納付等が困難な場合には，指定都市等の条例に基づき申告・納付等の期限の延長を申請することができる。

　やむを得ない理由について，具体例は以下のとおり。

　イ　税務代理等を行う税理士（事務所の職員を含む）が感染症に感染したこと。

　ロ　納税者や法人の役員，経理・給与担当者などが，現在，外国に滞在しており，ビザが発給されない又はそのおそれがあるなど入出国に制限等があること。

　ハ　次のような事情により，納税者，貸付申告義務者，特殊関係者又は税理士事務所などにおいて，通常の業務体制が維持できず，期限までに申告納付等が困難なこと。

　　・経理・給与担当部署の社員が，感染症に感染した，又は感染症の患者に濃厚接触した事実がある場合など，当該部署を相当の期間，閉鎖しなければならなくなったこと。

　　・学校の臨時休業の影響や感染拡大防止のため，休暇取得や在宅勤務等の勧奨を行ったことで，経理・給与担当部署の社員の多くが休暇取得や在宅勤務等をしていること。

グループ内組織再編（吸収合併）が行われた場合の資産割の課税標準の計算方法について，具体例を用いて教えてください。

Answer

　合併法人においては，被合併法人の事業所床面積について月割計算を行ったうえで合併法人の事業所床面積に加えて課税標準の計算を行う。被合併法人においては合併の効力発生日の前日時点の事業所床面積によって計算を行う。

　ただし，合併法人及び被合併法人の事業所が同一事業所等内にある場合には，合併法人において資産割の課税標準の計算を行う際，被合併法人の事業所床面積は新設ではなく床面積の増加として取り扱われるため，月割計算は不要となる。

　また，吸収合併の効力発生日が合併法人の算定期間の最終月である場合，一つの事業所に対し合併法人・被合併法人を合わせて13ヶ月分の資産割を納付することとなる。

■1 計算方法
■事例
【事業年度の最終月に吸収合併を行った場合】

　A社は当期（X1年4月1日〜X2年3月31日）の3月20日において神奈川県横浜市（事業所税の課税団体である指定都市等に該当）に事業所を有するB社（A社の100％子会社）を吸収合併した。B社が有する資産割の課税標準となる事業所床面積は1,260㎡である。A社が神奈川県横浜市に有する資産割の課税標準となる事業所床面積は1,300㎡であり，B社事業所とは別の建物にある。横浜市内においてこれ以外に事業所はない。

1　A社の事業所税の計算
　　イ　納税義務の判定
　　　　1,300㎡＋1,260㎡＝2,560㎡＞1,000㎡　∴納税義務あり
　　（注）納税義務の判定上は月割計算を行わず，算定期間末日の事業所床面積で判定する。
　　ロ　課税標準の計算

① 1,300㎡

② 1,260㎡×1月／12月＝105㎡（算定期間の中途において新設）

③ ①＋②＝1,405㎡

（注）按分算式の分子の月数は，吸収合併をした日の属する月の翌月から事業年度の末日の属する月までの月数となる。本事例においては，合併の効力発生日が算定期間の最終月であることから，算定期間の月数は1月に満たない端数が生じるため1月とする。

ハ　税額の計算

1,405㎡×600円＝843,000円

2　B社の事業所税の計算（B社事業年度：X1年4月1日〜X2年3月19日）

イ　納税義務の判定

1,260㎡＞1,000㎡　∴納税義務あり

（注）納税義務の判定上は月割計算を行わず，算定期間末日の事業所床面積で判定する。

ロ　課税標準

1,260㎡

（注）被合併法人においては，事業年度開始の日から合併の効力発生日の前日までの期間を通じて事業所を有していたことから，月割計算は不要となる。

ニ　税額の計算

1,260㎡×600円＝756,000円

❷ 実務上の留意点

　消滅する被合併法人においては，事業年度開始の日から吸収合併の効力発生日の前日までが算定期間となり，算定期間末日の現況により資産割の納付税額が計算される。

　一方合併法人においては，被合併法人の事業所床面積を加えたうえで，算定期間末日の現況により資産割の納付税額が計算される。

　本事例のように，合併法人の事業年度の最終月に合併が行われた場合においては，被合併法人において12ヶ月分が，合併法人において1ヶ月分が課税標準となり，1か所の事業所に対して13ヶ月分の資産割が生じることとなる。

第5章

償却資産税

　償却資産税は，償却資産に係る固定資産税の通称であり，償却資産の所有者に対し償却資産が所在する市町村において課税される。土地や建物に係る固定資産税と同様に，市町村が税額を決定し納税者に通知する賦課課税方式の税金であるが，その税額計算の基礎情報については納税者の申告が必要となる。

償却資産税の概要と納税義務者について教えてください。

① 償却資産税とは，償却資産に係る固定資産税の通称である。
② 償却資産税の納税義務者は原則として償却資産の所有者であるが，一定の場合には所有者以外の者が納税義務者となる例外もある。

■ 償却資産税の概要

　償却資産税とは，償却資産に係る固定資産税の通称であり，市町村税である。償却資産とは，土地及び家屋以外の事業の用に供することができる資産で一定のものをいう（第5章Q3参照）。

　償却資産税の課税方式は賦課課税方式，すなわち，課税する側が税額を決定し納税者に通知する方法が採用されている。税額の決定については，まず償却資産を所有する者がその年の1月1日現在に所有する償却資産について，その内容を記載した申告書を償却資産の所在する市町村に提出する。市町村はこの申告書の内容をもとに税額の計算及び決定を行い，納税者に通知するという流れとなる。納税者は通知された税額を納期限までに納付しなければならない。

■ 償却資産税の納税義務者

（1）原則（地法343①，③）

　償却資産税は，償却資産の所有者に対して課税される。この所有者とは償却資産課税台帳に所有者として登録されている者をいう。なお，個人事業者及び法人のいずれも納税義務者となるが，本書においては，以下法人を前提として解説を行う。

（2）共有物の納税義務者（地法10の2）

　償却資産を共有している場合には，共有者が連帯して償却資産税を納付する義務を負う。ただし，各々の持分に応じて，個々に申告は行わず，代表者が申

告を行う。

（3）生産性向上特別措置法に係る課税標準の特例（地方税法附則15旧㊶, 附則64）

平成30年度税制改正により，生産性向上特別措置法に係る課税標準の特例が創設された。中小企業者等が認定先端設備等導入計画に従って取得した先端設備等に該当する機械装置等で一定のものに対して課する固定資産税の課税標準は，新たに固定資産税が課されることとなった年度から3年度分の固定資産税に限り，課税標準となるべき価格にゼロ以上2分の1以下の範囲内において市町村の条例で定める割合を乗じた額とする。地方団体により減免額が異なるため，個々に確認が必要である。

なお，新型コロナウイルス感染症の影響を受けながらも新規に設備投資を行う中小事業者等を支援する観点から，適用対象に一定の構築物を加え，適用期間を令和5年まで2年間延長する。

（4）所有権を留保している場合の納税義務者（地法342③, 通知（市）3章10）

償却資産の売買があった場合で，売主が当該償却資産の所有権を留保しているときは，売主及び買主の共有物とみなされる。具体的には所有権留保付割賦販売の場合等が該当する。

所有権留保付割賦販売とは，割賦販売契約において，買主は割賦代金支払いとともに目的物の引渡しを受け利用を開始するが，売主は代金不払いの損失を最小限に抑えるため，代金が完済されるまで目的物の所有権を買主に移転させないという条件の契約をした販売形態をいう。

この場合には，契約上は売主が所有者であるが，売主と買主の双方が連帯して償却資産税を納める義務を負う。

しかし，実務上割賦販売の場合等にあっては，社会の納税意識に合致するよう原則として買主が償却資産税を納める義務を負い，また，当該償却資産の申告についても原則として買主が行うこととなる。

（5）災害等により償却資産の所有者が不明の場合の納税義務者（地法343④）

市町村は，償却資産の所有者の所在が震災，風水害，火災その他の事由によ

り不明である場合には，その償却資産の使用者を所有者とみなして償却資産税を課税することができる。

（6）信託している場合の納税義務者（地法343⑨，通知（市）3章13）

信託会社が信託の引受けをした償却資産で，その信託行為の定めに従ってその信託会社が第三者にその償却資産の譲渡を条件にその第三者に賃貸し，その第三者が事業の用に供しているものについては，その第三者がその償却資産の所有者とみなされ償却資産税を納める義務がある。

これは，信託会社は名目的な所有権を有するだけであり，その償却資産の実質的な収益の帰属は，その資産を現に使用収益し，最終的にはその所有権を取得することとなる第三者に帰属するものと考えられるため，その第三者に償却資産税を負担させることとしている。

（7）家屋の特定附帯設備の納税義務者（地法343⑩）

家屋の所有者以外の者が家屋に附帯設備を取り付けたことにより，附帯設備が家屋と一体化した場合においても，その取り付けた者の事業の用に供することができる附帯設備（特定附帯設備）については，市町村はその取り付けた者を所有者とみなして償却資産税を課税することができる（第5章Q4参照）。

なお，この場合には，市町村は条例においてその旨を定める必要がある。

（8）資産の賃貸借取引をした場合の納税義務者

償却資産に該当する資産の賃貸借取引があった場合には，原則として資産の所有権がある貸手側が償却資産税を納める義務を負う。

ただし，当該賃貸借取引が所有権移転ファイナンス・リース取引（第5章Q5参照）に該当する場合には，実質的には上記（3）の所有権留保付割賦販売と同様であるため，賃貸人（リース会社）と賃借人の双方が連帯して償却資産税を納める義務を負う。しかし，実務上は，原則として賃借人が償却資産税を納める義務を負い，また，当該償却資産の申告についても原則として賃借人が行うこととなる。

Question 02

償却資産税の課税方式について教えてください。

Answer

① 租税の課税方式は，申告納税方式と賦課課税方式がある。

② 償却資産税の課税方式は，賦課課税方式であるが，その年1月1日現在の償却資産の取得価額等の基本情報は所有者等がその年1月31日までに市町村へ申告する必要がある。

③ 償却資産の申告書を提出しない場合等には，罰則規定がある。

■ 租税の課税方式

租税の課税方式には，申告納税方式と賦課課税方式の2つの方式がある。

申告納税方式とは，納税者自らが税額計算を行い納税額を確定させたうえで，納税者自らが税額を納付する方法をいう。国税においては所得税や法人税などが，地方税においては法人住民税，法人事業税などがこの課税方式を採用している。

賦課課税方式とは，国や地方公共団体が税額の計算を行い，納税額を決定したうえで納税者に通知し，納税者が通知された税額を納税する方法をいう。地方税における固定資産税や不動産取得税などがこの課税方式を採用している。

② 償却資産税の課税方法（地法359，地法383）

償却資産税は，償却資産について課される固定資産税であるため，固定資産税の課税方式である賦課課税方式が採用される。償却資産税の納税義務者や課税標準等の課税要件を確定させる日（賦課期日）はその年の1月1日であり，その年1月1日現在の償却資産の所有者等に対して償却資産の所在地の市町村が償却資産税を課税することになるが，登記制度がある土地，建物とは異なり市町村が償却資産のすべてを把握することは大変困難である。そこで償却資産税の計算にあたっては，償却資産の所有者等がその年1月1日現在において所

有する償却資産について，その所在，種類，数量，取得時期，取得価額，耐用年数，その他の必要事項を記載した申告書をその年1月31日までに償却資産の所在地の市町村に提出し，市町村はその申告内容に基づいて計算を行うこととされている。つまり，賦課課税方式ではあるものの，納税者は税額計算の基礎となる情報について申告を行う必要がある。

❸ 償却資産税の納付方法

償却資産税の納付方法は，普通徴収方式である（普通徴収方式については第1章Q3参照）。

❹ 罰則（地法385，386）

償却資産税は賦課課税方式を採用しており，償却資産の申告書の提出は，市町村が償却資産の価格を決定し税額を算出するための資料として重要な書類となる。

したがって，不申告者には，各市町村の条例で10万円以下の過料を科することができ，また，虚偽の申告をした者については，1年以下の懲役又は50万円以下の罰金に処せられる。

これらの規定により，償却資産税の賦課課税方式を支える申告制度の実効性が担保されている。

Question 03

償却資産税の対象となる償却資産の概要について教えてください。

Answer

① 償却資産とは，土地及び家屋以外の資産で法人税法上の損金に算入される もののうち，一定のものをいう。

② 事業の用に供することができる資産とは，事業供用している資産はもちろ んのこと，一時的に利用を停止しているが，事業の用に供することができる 資産も含まれる。

■ 課税対象となる償却資産（地法341）

償却資産とは，土地及び家屋以外の事業の用に供することができる資産で， その減価償却額が法人税法上の損金に算入されるものをいう。ただし，次に掲 げるものを除く。

Chart 償却資産税の課税対象とならない資産

	項目	具体例
①	無形固定資産	・ソフトウエア，特許権等
②	法人税法上の損金に算入されるもので一定の要件を満たす少額資産（第5章Q5参照）	・少額減価償却資産 ・一括償却資産 ・リース資産で一定のもの
③	自動車税の対象となる自動車，軽自動車税の対象となる原動機付自転車等	・自動車，原動機付自転車，軽自動車，小型特殊自動車，二輪の小型自動車

なお，車両運搬具については，大型特殊自動車，貨車，客車等が償却資産税 の課税対象となる。

■ 事業の用に供することができる資産（通知（市）3章4, 6, 7）

事業の用に供することができる資産とは，現在事業供用している資産はもち

ろん，現在事業の用に供していないが，一時的に利用を停止し，遊休，未稼働の状態にある資産も含まれる。このほか，事業の用に供することができる資産に該当するかどうかについて留意すべき点は次のとおりである。

Chart 「事業の用に供することができる資産」の判定

	項　目	償却資産の対象・対象外
①	事業を行ううえで利用する資産（事業供用資産）	対象
②	商品として陳列されている資産（棚卸資産）	対象外
③	家庭で使用されている資産（非事業用資産）	対象外
④	資産の貸付事業を行っている場合のその貸付資産	対象（注１）
⑤	企業が所有する社宅，食堂，医療施設等の福利厚生施設の器具備品，構築物等	対象（注２）
⑥	清算中の法人で清算事務の用に供しているものや他の事業者に事業用資産として貸し付けているもの等事業の用に供しているもの	対象（注３）
⑦	会社の帳簿に記載されていない資産（簿外資産）で事業の用に供することできる資産	対象
⑧	法人税において，耐用年数が経過し減価償却が終了している資産（償却済資産）で事業の用に供することできる資産	対象
⑨	事業の用に供しているが，企業会計上赤字のため減価償却を行っていない資産	対象
⑩	経理上建設仮勘定として計上されているが，一部が完成し事業供用されている資産	対象

（注１）　貸付先で事業使用しているかどうかは問われない。
（注２）　事業の用に供するとは，資産をその事業に直接だけではなく，間接的に使用することも含まれる。
（注３）　清算中の法人については，⑥に掲げる資産以外は，原則として対象外となる。

Question 04

家屋と償却資産の区分について教えてください。

Answer

①　家屋の所有者が所有する附帯設備で，家屋に取り付けられ，家屋と構造上一体となって家屋の効用を高めるものについては，家屋として評価され，償却資産税の課税対象とはならない。

②　家屋の所有者以外の者が取り付けた附帯設備で家屋と一体となったもののうち，その取り付けた者の事業の用に供することができるもの（特定附帯設備）については，市町村は，その取り付けた者を所有者とみなして償却資産税を課税することができる。

■ 家屋の所有者と附帯設備の設置者が同一である場合

（1）附帯設備に関する家屋と償却資産の区分（固定資産評価基準第2章第1節7）

　家屋の所有者が所有する電気設備，ガス設備，給水設備，排水設備，衛生設備，冷暖房設備，空調設備，防災設備，運搬設備，清掃設備等の附帯設備で，家屋に取り付けられ，家屋と構造上一体となって，家屋の効用を高めるものについては，家屋に含めて評価され，償却資産の対象とはならない。

（2）家屋に取り付けられ，家屋と構造上一体となることについての具体的な判断基準（平成12年1月28日自治省税務局資産評価室長通知）

　　イ　家屋の評価に含める附帯設備は，その家屋の特定の場所に固定されているものであること。すなわち，取り外しが容易で，別の場所に自在に移動できるものは，家屋ではなく，償却資産として取り扱われる。

　　ロ　固定されていない配線等であっても，壁仕上げ，天井仕上げ，床仕上げ等の裏側に取り付けられているものは，構造上一体となっているものとして家屋に含まれる。

　　ハ　屋外に設置された電気の配線及びガス・水道の配管並びに家屋から独立

して設置された焼却炉等は，家屋と構造上一体となっていないので，家屋には含まれず，償却資産として取り扱われる。

　ニ　給水設備の給水タンク，給湯式浴槽に給湯する給湯器，空調設備の室外機等屋外に設置されたものであっても，配管，配線等により屋内の機器と一体となって一式の附帯設備としての効用を発揮しているものについては，その一式の附帯設備について，家屋に含まれるかどうかを判断する。

　ホ　電球，蛍光管のような消耗品については，家屋には含まれない。

(3) 家屋の効用を高めるものの具体的な判断基準（平成12年1月28日自治省税務局資産評価室長通知）

　家屋の効用を高めるものとは，その附帯設備を備えることにより，家屋自体の利便性が高まるものをいい，特定の生産又は業務の用に供されるものは，家屋には含まれず償却資産として取り扱われる。

　例えば，店舗のネオンサイン，病院における自家発電設備，工場における受変電設備，冷凍倉庫における冷凍設備，ホテルにおける厨房設備，洗濯設備等については，家屋には含まれず，償却資産として取り扱われる。

❷ 家屋の所有者と附帯設備の設置者が同一ではない場合（地法343⑩）

　家屋の所有者以外の者が事業の用に供するために家屋に附帯設備を設置したことにより，当該附帯設備が家屋に付合（一体化）した場合には，民法第242条の規定により，所有権は家屋の所有者に帰属する。したがって，原則として当該設備は家屋に含めて評価され，家屋の所有者に対して家屋に対する固定資産税が課される。しかし，その使用収益はその設置者に帰属すると考えられるため，当該設置者の事業の用に供することができる資産である場合に限り，市町村は，その設置者を所有者とみなし，当該附帯設備のうち家屋に属する部分を償却資産とみなすことができる。当該設備を特定附帯設備という。なお，この場合には，市町村は条例においてその旨を定める必要がある。

Question 05

償却資産税における少額資産の取扱いについて教えてください。

Answer

① 法人税法上の少額減価償却資産，一括償却資産については，償却資産の対象とはならず，償却資産税は課税されない。

② 所有権移転ファイナンス・リース取引で，その取得価額が20万円未満のものについては，償却資産の対象とはならず，償却資産税は課税されない。

③ 租税特別措置法の規定による中小企業者等の少額減価償却資産については，償却資産の対象となり，償却資産税が課税される。

■ 償却資産税における少額資産の取扱い（地法341，地令49）

（1）少額減価償却資産の場合

使用可能期間が1年未満の減価償却資産又は取得価額が10万円未満の減価償却資産で，その取得価額相当額について，法人税法施行令第133条（少額の減価償却資産の取得価額の損金算入）の規定により損金の額に算入されたものについては，償却資産に該当せず償却資産税は課税されない。

しかし，個別に資産計上した場合には，償却資産として償却資産税が課税される。

（2）一括償却資産の場合

取得価額が20万円未満の減価償却資産で，事業の用に供した事業年度において法人税法施行令第133条の2（一括償却資産の損金算入）に規定する一括償却資産として計上したものについては，償却資産に該当せず償却資産税は課税されない。

しかし，個別に資産計上した場合には，償却資産として償却資産税が課税される。

（3）リースの場合

所有権移転ファイナンス・リース取引に係るリース資産で，その取得価額が

20万円未満のものについては，償却資産の対象とならず償却資産税は課税されない。なお，ファイナンス・リース取引については，所有権移転ファイナンス・リース取引と所有権移転外ファイナンス・リース取引に区分されるが，所有権移転外ファイナンス・リース取引は，そもそも借手側において償却資産の対象とならないため，当該20万円未満の取扱いは所有権移転ファイナンス・リース取引が前提となる。

(4) 中小企業者等の少額減価償却資産の場合

租税特別措置法第67条の5（中小企業者等の少額減価償却資産の取得価額の損金算入の特例）の規定により，取得価額が30万円未満の減価償却資産につき，その事業の用に供した事業年度において損金の額に算入されたものについては，償却資産の対象となり，償却資産税が課税される。

② まとめ

上記①の事項をまとめると下記図のような取扱いとなる。

Chart 少額資産の取扱いのまとめ

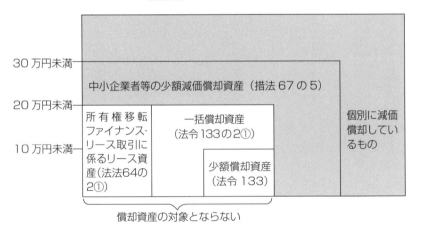

③ 消費税の経理処理の違いによる少額資産の判定

少額資産等に該当するかどうかの判定における当該資産の取得価額は，消費

税の経理方式に応じて判定する。

　つまり，法人が税抜処理をしている場合には税抜の取得価額で判定し，税込処理をしている場合には税込価額で判定する。

４ ファイナンス・リース取引（法法64の２，法令48の２⑤四・五）

　リース取引には，その契約の性格によってファイナンス・リース取引とオペレーティング・リース取引の２つに分類される。ファイナンス・リース取引とは次のいずれも満たす取引をいう。

　　イ　賃貸借契約に基づく賃借期間の中途においてその契約を解除することができないものであること又はこれに準ずるものであること（解約不能のリース取引）

　　ロ　借手が賃貸借に係る資産からもたらされる経済的な利益を実質的に享受することができ，かつ，その資産の使用に伴って生じる費用を実質的に負担することとなるリース取引（フルペイアウトのリース取引）

　このうち次のいずれかに該当するものが所有権移転ファイナンス・リース取引となる。

　　イ　リース期間終了時等にリース資産が無償又は名目的な対価の額で貸借人に譲渡される

　　ロ　リース期間終了時等にリース資産を著しく有利な価額で買い取る権利が与えられている

　　ハ　リース資産がその使用可能期間中賃借人によってのみ使用されると見込まれるものである

　　ニ　リース資産の識別が困難であると認められる

　　ホ　リース期間がリース資産の耐用年数に比して相当短いもの（法人税の負担を著しく軽減することになると認められるものに限る）である

償却資産税の課税標準及び税率について教えてください。

① 償却資産の課税標準額は，賦課期日（1月1日）現在の評価額に基づき決定された価格で，償却資産課税台帳に登録されたものである。

② 償却資産の耐用年数は，原則として，法人税又は所得税と同じ「減価償却資産の耐用年数等に関する省令」による。

③ 償却資産の税率は，原則1.4%である。

④ 償却資産の課税標準額が150万円未満の場合は，課税されない。

⑤ 償却資産の評価が取得価額の5%を下回る場合は，取得価額の5%の額が評価額となる。

---

1 課税標準額

　償却資産の課税標準額は，賦課期日（1月1日）現在の償却資産の評価額に基づき決定された価格で，償却資産課税台帳に登録されており，各償却資産の評価額を資産が所在する市区町村ごとに合算した額である（地法349の2）。

　償却資産の評価額は，前年中に取得した償却資産にあっては当該償却資産の取得価額を，前年よりも前に取得した償却資産にあっては当該償却資産の前年度の評価額を基準とし，当該償却資産の耐用年数に応ずる減価を考慮してその価額を算出する。なお，取得価額の算出方法は，法人税又は所得税の取扱いと同じだが，圧縮記帳制度は認められていないため，国庫補助金等の圧縮額がある場合は，その金額を加えた額が取得価額となる。また，資産の取得価額は消費税の経理処理によって異なるが，法人が税抜処理を採用している場合には，償却資産の取得価額も税抜価額となり，税込処理を採用している場合には税込の取得価額となる。

（1）前年中に取得した償却資産の評価

　前年中に取得した償却資産の評価は，当該償却資産の取得価額から当該償却

資産の取得価額に「減価率／2」を乗じて得た額を控除して算出する。この場合において「減価率」は，当該償却資産の「耐用年数に応ずる減価率表」（固定資産評価基準別表第15）に掲げる耐用年数に応ずる減価率とする（固定資産評価基準第3章第1節二）。つまり，法人税又は所得税の月割償却と異なり，初年度の評価額は，取得年月日にかかわらず半年分の減価があったものとして算出する。

（2）前年前に取得した償却資産の評価

前年前に取得した償却資産の評価は，当該償却資産の前年度の評価額から当該償却資産の評価額に当該償却資産の「耐用年数に応ずる減価率表」に掲げる耐用年数に応ずる減価率を乗じて得た額を控除して算出する。なお，償却資産の評価が取得価額の5％を下回る場合は，取得価額の5％の額が評価額となる（固定資産評価基準第3章第1節三，十）。

	評価額
前年中に取得した償却資産	取得価額 × ｛1－（減価率 /2）｝
前年前に取得した償却資産	前年度評価額 × （1－減価率）

2 耐用年数

償却資産の耐用年数は，原則として，法人税又は所得税と同じ「減価償却資産の耐用年数等に関する省令」（昭和40年大蔵省令第15号）別表第1，第2，第5及び第6に掲げる耐用年数による（固定資産評価基準第3章第1節八）。

3 税額の算出方法

課税標準額（各償却資産の評価額を資産が所在する市区町村ごとに合算した額）に，税率を乗じて算定する（地法350）。なお，課税標準額が150万円未満の場合は，償却資産税は課税されない（地法351）。

【算式】

$$\underset{\text{（1,000 円未満切捨）}}{\text{課税標準額}} \times \underset{\text{（1.4%）}}{\text{税率}} = \underset{\text{（100 円未満切捨）}}{\text{税額}}$$

非課税・課税標準の特例・減免について教えてください。

① 償却資産税の非課税については，所有者による非課税項目と，償却資産の性格・用途面による非課税項目に分類される。

② 公共料金の抑制，公害対策の充実等の観点から一定の償却資産については，課税標準の特例制度が設けられており，償却資産税の軽減が図られている。

③ 償却資産税の減免措置については，各市町村が条例で定めているため確認が必要である。

■ 償却資産税の非課税（地法348）

　償却資産税の非課税の範囲については，償却資産の所有者による非課税（以下「人的非課税」という）と，償却資産それ自体の性格，用途面による非課税（以下「物的非課税」という）の2つに分類される。

（1）人的非課税

　国，都道府県，市町村，特別区，これらの組合，財産区及び合併特例区に対しては，償却資産税を課することはできない。すなわち，公的性格を持つ所有者の償却資産については，償却資産税は非課税とされる。

（2）物的非課税

　次の Chart に掲げる地方税法第348条第2項各号，同条第4項〜9項に規定する償却資産に対しては非課税とされる。これは償却資産が公益性の高い用途に供される場合，その用途の性質によって非課税とされるためである。したがって，原則的には，その償却資産の所有者が誰であろうとも非課税とされる。

　ただし，地方税法第348条第2項各号に定める資産であっても，その償却資産を有料で借り受けた者がこれを地方税法第348条第2項各号の償却資産として使用する場合については，その償却資産の所有者に償却資産税を課すること

ができるものとされている。すなわち，課税するかどうかは，各市町村の任意とされている。

　なお，地方税法第348条第2項各号に定める資産について，それぞれの目的以外に使用されている場合には，非課税とされない。

[Chart] 地方税法第348条第2項各号に定める主な非課税項目

①	学校法人等が設置する学校において，直接保育又は教育の用に供する償却資産
②	学校法人等が設置する寄宿舎に係るものにおいて直接その用に供する償却資産
③	公益社団・財団法人，宗教法人，社会福祉法人が設置する幼稚園において直接保育の用に供する償却資産
④	公益社団・財団法人が設置する図書館において直接その用に供する償却資産
⑤	公益社団・財団法人，宗教法人が設置する博物館において直接その用に供する償却資産
⑥	社会医療法人，特定医療法人，公益社団・財団法人，非営利型の一般社団・財団法人，社会福祉法人等が設置する看護師等の養成上において直接教育の用に供する償却資産
⑦	社会福祉法人等が生活保護法に規定する保護施設の用に供する償却資産で一定のもの
⑧	公益社団・財団法人，社会福祉法人等が児童福祉法に規定する児童福祉施設の用に供する償却資産で一定のもの
⑨	公益社団・財団法人，社会福祉法人等が老人福祉法に規定する老人福祉施設の用に供する償却資産で一定のもの
⑩	社会福祉法人が障害者自立支援法に規定する障害者支援施設の用に供する償却資産
⑪	社会福祉法人等が介護保険法に規定する包括的支援事業の用に供する償却資産で一定のもの
⑫	公益社団・財団法人，社会福祉法人等が社会福祉法に規定する社会福祉事業の用に供する償却資産で一定のもの
⑬	更正保護法人が更正保護事業法に規定する更正保護事業の用に供する償却資産で一定のもの
⑭	社会医療法人が直接救急医療等確保事業に係る業務の用に供する償却資産で一定のもの
⑮	公益社団・財団法人で学術の研究を目的とするものがその目的のため直接その研究の用に供する償却資産で一定のもの

Chart 地方税法第348条第4項～9項に定める主な非課税項目		
①	非課税地方独立行政法人・公立大学法人が所有する一定の償却資産	
②	外国政府が所有する大使館等の用に供する一定の償却資産	

２ 課税標準の特例（地法349の3，地法附則15，15の2，15の3）

公共料金の抑制，公害対策の充実等の見地から電力，鉄軌道，船舶，航空機その他の重要基礎産業や企業合理化設備，各種公害防止施設等について，社会政策，経済政策の観点から地方税法上，課税標準の特例制度を設け，償却資産税の軽減措置が図られている。

通常は決定価格が償却資産税の課税標準となるが，一定の要件を満たす償却資産については，決定価格から一定の軽減率を乗じたものが課税標準となる。

３ 減免（地法367）

市町村は，天災その他特別の事情がある場合等において償却資産税の減免を必要とすると認める場合には，条例により償却資産税を減免することができる。したがって，各市町村によって減免措置が異なるため，各市町村に確認する必要がある。

Question 08

申告（申告期限，申告書の提出先，申告方法）について教えてください。

Answer

① 償却資産税の申告書は，その年1月31日までにその償却資産が所在する市町村へ提出しなければならない。

② 償却資産税の申告方法は，一般方式と電算処理方式の2通りある。

■ 申告期限

償却資産の所有者等は，その年1月1日現在における償却資産について，その所在，種類，数量，取得時期，取得価額，耐用年数，見積価額その他の必要事項を記載した申告書等をその年1月31日までにその償却資産が所在する市町村へ提出する必要がある。

なお，他の者の土地や事業所に償却資産を設置しているような場合には，自らの事務所等が所在しない市町村に償却資産が所在することも考えられるが，このような場合でも，その償却資産が所在する市町村ごとにその年1月31日までにそれぞれ申告書等を提出することになる。

■ 申告書の提出先 （地法342，383，389，742，地規15の6）

（1）原則

償却資産税の申告書は，原則として，その償却資産の所在する市町村へ提出する。

（2）移動性償却資産，可動性償却資産の場合

① 意義

移動性償却資産とは，船舶，車両，航空機等のように自力によって移動することを目的とする償却資産をいい，可動性償却資産とは，建設用機械，推進器のないしゅんせつ船のように他力によって移動することが可能であり，かつ，工事現場，作業場等の移動に伴ってその所在が移動する償却資産をいう。

② 原則

　移動性償却資産，可動性償却資産は，常に同じ場所に設置されているわけではないためその年1月1日現在の所在地を確定させることは，非常に困難である。したがって，原則的には，これらの資産の主たる定けい場，主たる定置場の所在する市町村を所在地とみなして，当該市町村に申告書を提出する。

(注1)　定けい場
　定けい場とは，船舶が停泊する本拠をいう。また，船舶の定けい場のうち主要なもので，船舶の発着関係，旅客輸送関係，在泊時間，入港回数等の具体的事実を総合的に勘案して船舶航行の本拠地と認定されるべき場所を主たる定けい場という。
(注2)　定置場
　定置場とは，車両，建設機械等が通常定置される場所をいう。また，一般的にその車両等が運行され，移動される際の本拠地となるものを主たる定置場という。

③ 例外

　2以上の市町村にわたって使用されるもので次の表に掲げるものの申告書の提出先については，それぞれ次の Chart に掲げる提出先となる。

Chart 移動性償却資産等の申告書の提出先の例外

項目	所在地	申告書提出先
・移動性償却資産，可動性償却資産で2以上の市町村にわたって使用されるもののうち総務大臣が指定するもの ・鉄道，発電，配電等もしくは電気通信の用に供する償却資産又は2以上の市町村にわたって所在する償却資産でその全体を1の償却資産として評価しなければ適正な評価ができないと認められるもののうち総務大臣が指定するもの	償却資産が1の都道府県内に所在するもの	所在地の都道府県知事
	償却資産が2以上の都道府県にわたって所在するもの	総務大臣

❸ 申告方法

償却資産税の申告方法は，一般方式と電算処理方式の2通りあるが，実務上は，前年中の償却資産の増減のみを申告する一般方式を採用する事業者が多い。

（1）一般方式

前年中に増加又は減少した償却資産について申告する方法で，償却資産の評価額等の計算は各市町村が行う。また，原則として前年中に資産の増減がない場合でも申告書の提出は必要となる（市町村によっては資産の増減がない場合には申告書の提出を求めないケースもある）。

（2）電算処理方式

その年1月1日現在所有しているすべての償却資産について，事業者側で償却資産の評価額等を計算し申告する方式である。

Question 09

免税点・納税通知及び納期・調査について教えてください。

Answer

① 一の市町村に対する償却資産の課税標準額の合計額が150万円に満たない場合には，償却資産税は課税されない。

② 償却資産税の納税通知書は，4月初旬ごろに発送され，納期は，原則的にはおおむね4月，7月，12月，翌年2月中である。

③ 償却資産の状況を把握するため市町村は，固定資産評価員又は固定資産評価補助員に毎年少なくとも1回の実地調査をさせる必要がある。

■ 免税点（地法351，737）

（1）原則

一の市町村内に所有する償却資産の課税標準額の合計額が150万円未満の場合には，償却資産税は課税されない。ただし，各市町村の財政上の理由等により徴収する必要があり，条例で定めた場合には，150万円未満であっても償却資産税が課税される。したがって，実際の免税点については，各市町村に確認する必要がある。

なお，償却資産の課税標準額の合計額が免税点未満の場合であっても，原則として償却資産に関する必要事項を記載した申告書等をその年1月31日までに提出する必要があるが，納税義務は生じないため納税通知書の送付は行われない。

（2）東京都の特別区等の場合（地法737）

免税点の判定において，東京都の特別区や指定都市の区の区域については，一の市の区域とみなして，これらの区域ごとに償却資産の課税標準の合計額が150万円未満かどうかの判定が行われる。

（3）共有の場合の免税点

共有している償却資産については，それを共有している者全員で別の人格を

持っていると考え，免税点の判定を行う。したがって，単独所有しているもの
と共有しているものを分けて判定する。

　なお，申告にあたっては単独所有しているもののほか，共有しているものの
申告も必要となる。

② 納税通知及び納期（地法362）

　償却資産税の納税通知書は，償却資産税の納税義務者におおむね4月初旬ご
ろに送付される。また，償却資産税の納期は，原則4月，7月，12月，翌年2
月中で市町村の条例で定める日となる。ただし，特別の事情がある場合には，
これと異なる納期を定めることができる。

　東京都の場合には，おおむね6月初旬ごろに納税通知書が送付され，納期は
6月，9月，12月，翌年2月となる。

③ 調査（地法353，354，408）

（1）償却資産税の調査の根拠規定

　登記制度がある土地，建物とは異なり市町村がすべて償却資産を把握するこ
とは困難であるため，償却資産税については，償却資産の所有者等にその年1
月1日現在における償却資産について，申告義務を課している。

　その一方で，市町村は，固定資産評価員又は固定資産評価補助員に毎年少な
くとも1回の実地調査をさせる必要があり，償却資産の状況の把握に努めている。

（2）調査の内容と罰則

　市町村の償却資産税係等は，償却資産税の賦課徴収に関する調査のために必
要がある場合には，納税義務者等に質問をするとともに，償却資産の評価，課
税が適正に行われているかを確認するため，帳簿書類・現物等をチェックす
る。実地調査においては，納税者の意思に反して強制的に行うことができない
が，正当な理由なく拒否された場合には，罰則規定が適用される。

第6章

修正申告・更正等の手続き

　申告納税方式の税目について，その申告の内容に誤りがあったこと等により既に納付した税額に不足等があった場合には修正申告等の手続きが必要となる。また，これとは反対に納付税額が過大であった等の場合には更正の請求等の手続きが必要となる。

地方税の修正申告について教えてください。

① 法人住民税に係る修正申告には，法人税に係る修正申告をし又は更正もし
くは決定を受けた場合によるものとそれ以外の場合によるものとがあり，そ
れぞれ申告納付期限が異なる。

② 法人事業税に係る修正申告には，法人税の課税標準について税務官署から
更正又は決定を受けた場合によるものとそれ以外の場合によるものとがあ
り，それぞれ申告納付期限が異なる。

1 法人住民税の修正申告

法人住民税の申告書を提出した法人又は更正もしくは決定を受けた法人は，
次のいずれかに該当する場合には，次に掲げる申告納付期限までに修正申告書
を提出し，その修正申告により増加した税額を納付しなければならない（地法
53㉞㉟，321の8㉞㉟）。

区分		申告納付期限
下記以外の場合	①先の申告書に記載し，又は更正もしくは決定通知書に記載された法人住民税額に不足額がある場合	遅滞なく
	②先の申告書に記載し，又は更正もしくは決定通知書に記載された利子割に係る還付金の額に相当する税額が過大である場合（道府県民税のみ）	
	③先の申告書に納付すべき税額を記載しなかった場合，又は納付すべき税額がない旨の更正を受けた場合において納付すべき税額があるとき	
法人税に係る修正申告をし，又は更正もしくは決定の通知を受けたことにより，上記①～③のいずれかに該当することとなった場合		法人税の修正申告又は更正もしくは決定による法人税額を納付すべき日まで

② 法人事業税の修正申告

法人事業税の申告書を提出した法人又は更正もしくは決定を受けた法人は，次のいずれかに該当する場合には，次に掲げる申告納付期限までに修正申告書を提出し，その修正申告により増加した税額を納付しなければならない（地法72の31②③）。

区分		申告納付期限
下記以外の場合	①先の申告書に記載し，又は更正もしくは決定通知書に記載され課税標準額（付加価値額，資本金等の額，所得，収入金額）に不足額がある場合	遅滞なく
	②納付すべき事業税額がない旨の申告書を提出した法人については，納付すべき事業税額がある場合	
法人税の課税標準について税務官署から更正又は決定を受けた場合		更正又は決定の通知日から1月以内

❸ 償却資産税に係る申告の修正

(1) 概要

　償却資産の所有者は毎年1月1日現在（賦課期日）の償却資産についてその内容等を申告する義務があるため，年の途中又はその後の年において償却資産の申告もれ等が発覚した場合には，遅滞なく，既に提出した申告書の修正（又は新規の申告）をしなければならない（地法383）。この申告書の提出を受けた市区町村等は，対象となる年度の償却資産課税台帳を修正し，税額を修正する手続きを行う。

　なお，償却資産の所有者が，正当な理由なく申告をしない場合や，申告すべき事項について虚偽の申告をした場合は，延滞金，過料，罰金等を科される（地法368，385，386）。

(2) 実地調査

　償却資産は，提出した申告書の内容を確認するために実地調査が行われることがある（地法353，408）。実地調査では，現地調査，固定資産台帳の確認などが行われる。また，税務署等において法人税又は所得税の申告書に添付された書類の閲覧をすることもある（地法354の2）。

　なお，実地調査で申告もれ等が確認された場合には，現年を含めて法定納期限の翌日から起算して最大5年間の課税が遡及される（地法17の5⑤）。

Question 02

地方税の更正の請求について教えてください。

Answer

① 　地方税の申告書に記載した税額等に誤りがあったこと等により，納付税額が過大であった等の場合には，その申告書を提出した者は，法定申告期限から5年以内に限り，更正の請求を行うことができる。

② 　地方税の更正の請求には，①のほか，後発的事由による更正の請求，法人税について減額更正を受けた場合の更正の請求（法人住民税及び法人事業税），分割基準の誤りによる更正の請求（法人事業税）がある。

③ 　法人税において減額更正があった場合は，法人住民税及び法人事業税について更正の請求を行わない場合においても，法人税の減額更正により確定した所得金額及び法人税額に基づき減額更正される。

④ 　償却資産税についても最大5年間遡及して還付となる訂正申告をすることができる。

1 申告期限から5年以内にする更正の請求

　地方税の申告書を提出した法人は，その申告書に記載した税額に誤りがあったこと等により次の①から③のいずれかに該当する場合には，その申告書の法定申告期限から5年以内に限り，地方団体の長に対して更正の請求をすることができる（地法20の9の3①）。

　　イ　納付すべき税額が過大であるとき

　　ロ　欠損金額等が過少であるとき又は欠損金額等の記載がなかったとき

　　ハ　還付金の額が過少であるとき又は還付金の額の記載がなかったとき

2 後発的事由による更正の請求

　地方税申告書を提出した法人は，次の①から③の事実があるときは，その事実が確定した日の翌日から起算して2ヶ月以内に更正の請求をすることができ

る（地法20の9の3②）。

 イ その課税標準等又は税額等の計算の基礎となった事実に関する訴えについての判決により，その事実が計算の基礎としたところと異なることが確定したとき

 ロ 所得その他課税物件が他の者に帰属するものとする当該他の者に係る地方税の更正又は決定があったとき

 ハ その他やむを得ない理由があるとき

❸ 法人税について減額更正を受けた場合の更正の請求

 法人住民税及び法人事業税の申告書を提出した法人は，その申告の基礎となった法人税の課税標準等について国の税務官署の減額更正があり，課税標準又は税額が過大となる場合には，国の税務官署の更正の通知を受けた日から2ヶ月以内に更正の請求をすることができる（地法53の2，321の8の2）。

 なお，更正の請求を行わない場合であっても，法人税において減額更正があった場合は，法人税の減額更正により確定した所得金額及び法人税額に基づき更正される（地法55，72の39，321の11）。ただし，更正の請求を行わない場合には，国の税務官署からの減額更正の通知等に期間を要するため，更正の請求を行う場合に比べ，還付等の時期が遅れる可能性がある。

❹ 2以上の都道府県等に事務所を有する法人による更正の請求

 2以上の都道府県等に事務所を有する法人は，法人住民税及び法人事業税について本店・支店が所在する各都道府県等にそれぞれに更正の請求をすることもできる。

 なお，本店所在の都道府県等に更正の請求をしている場合には，更正の請求をしない場合であっても，本店が所在する都道府県等での処理による通知に基づき，支店が所在する都道府県等で職権による更正が行われる（地法72の48の2，321の14）。

❺ 分割基準の誤りによる更正の請求

　2以上の都道府県に事務所等を設けて事業を行う法人が，法人事業税について分割基準の誤りにより更正の請求をする場合には，更正請求書に加え，あらかじめ主たる事務所等所在地の都道府県に，「法人事業税の分割基準の修正に関する届出書」に分割基準を誤った事実を明らかにする書類を添付して提出する。なお，主たる事務所等所在地以外の都道府県には，上記届出書の控えの写しを更正請求書に添付して，更正の請求の手続きを行う（地法72の48の2④，地規6の4）。

地方税の延滞金，加算金について教えてください。

Answer

① 延滞金の割合は，原則として納期限の翌日から１ヶ月（国税は２ヶ月）を経過する日までの期間は特例基準割合＋１%，同日後の期間は特例基準割合＋7.3%である。

② 加算金には，過少申告加算金，不申告加算金，重加算金があり，国税の加算税とおおむね同じ要件及び加算割合である。

③ 法人事業税，事業所税に対する加算金はあるが，法人住民税，償却資産税に対する加算金はない。

④ 地方税には，国税の利子税，不納付加算税に相当する制度はない。

⑤ 税務調査の事前通知後からその更正予知前までにされた修正申告等について，新たに過少申告加算税が課され，無申告加算税の割合が増える。

⑥ ５年以内に再度無申告加算金，重加算金を課されたときは，その加算税の割合が加重される。

■1 延滞金

　地方税を納期限までに完納しない場合には，不足税額に対し利息に相当する延滞金が課される。延滞金は，原則として，納期限の翌日から完納される日までの日数に応じて次の割合により課される。

	期間	割合	令和4年
1	納期限の翌日から１か月を経過する日までの期間	特例基準割合＋1%	年2.4%
2	納期限の翌日から１か月を経過した日以後の期間	特例基準割合＋7.3%	年8.7%

※ 特例基準割合とは，各年の前々年の９月から前年の８月まで各月の「短期貸出約定平均金利」の平均値として財務大臣が告示する平均貸付割合に１%を加算した割合である。なお，令和４年度の特例基準割合は，1.4%（0.4%＋1%）である（地法附則３の２，措法94①）。

　修正申告により増加した税額については，当初の申告の納期限から修正申告を提出した日までの期間の日数に応じ，特例基準割合による延滞金が課される（地法64①三，72の45①三，326①四，701の60①三）。

　ただし，期限内申告書を提出し，1年経過後に修正申告書を提出した場合には，1年を経過する日の翌日から修正申告書を提出した日までの期間は，延滞金の計算の基礎となる期間から控除される。

　なお，税制改正により，平成26年1月1日以後の表中1の割合は，改正後の新たな特例基準割合（前々年の9月から前年の8月までの各月の短期貸出約定平均金利の平均値として財務大臣が告示する平均貸付割合に1％を加算した割合）に1％を加算した割合とし，表中2の割合は当該新たな特例基準割合に7.3％を加算した割合とされる。

❷ 加算金

　加算金には，過少申告加算金，不申告加算金，重加算金の3種類あり，不足税額に一定割合を乗じて計算する。これらの加算金は，国税通則法に規定する加算税（過少申告加算税，無申告加算税，重加算税）と名称は異なるが，おおむね同じ要件及び加算割合で計算される（通法65，66，68）。法人事業税，事業所税に対する加算金はあるが，法人住民税，償却資産税に対する加算金はない。

　なお，地方税は災害等の事由による納税猶予を認めているが，延納制度がないため，国税と異なり利子税に相当する定めがない（地法15）。

（1）過少申告加算金（地法72の46，701の61）

　期限内申告をした場合で，その申告額が実際より少額であったため，後日修正申告をした場合や増額更正を受けた場合に過少申告加算金が課される。

税務調査の事前通知前の自主的な修正申告		課税なし
更正予知後の自主的な修正申告・更正	原則	10%
	追加税額のうち期限内申告税額と50万円とのいずれか多い金額を超える部分の金額	15%

※　平成29年1月1日以後に法定申告期限が到来するもの

（2）不申告加算金（地法72の46, 701の61）

	原則	5%
税務調査の事前通知前の自主的な期限後申告	当該期限後申告書で法定申告期限から1か月以内に提出され，かつ，当該期限後申告書に係る納付すべき税額の全額が法定納期限に納付されている等一定の場合	課税なし
更正通知後の自主的な期限後申告・決定	原則	15%
	納付すべき税額が50万円を超える場合のその超える部分の金額	20%
5年以内に再度その税目で不申告加算金又は重加算金を賦課※	原則	25%
	納付すべき税額が50万円を超える場合のその超える部分の金額	30%

※　平成29年1月1日以後に法定申告期限が到来するもの

(3) 重加算金（地法72の47，701の62）

　納税者が課税標準額の計算の基礎となるべき事実の全部又は一部を隠ぺいし，又は仮装し，かつ，その隠ぺいし，又は仮装した事実に基づいて申告書を提出したときは，過少申告加算金，不申告加算金に代えて，重加算金が課される。

原則	過少申告加算金に代える場合	35%
	不申告加算金に代える場合	40%
5年以内に再度その税目で不申告加算金又は重加算金を賦課※	過少申告加算金に代える場合	45%
	不申告加算金に代える場合	50%

※　平成29年1月1日以後に法定申告期限が到来するもの

地方税の不服申立てについて教えてください。

① 利便性・公正性の観点から，行政不服審査制度を規定する行政不服審査法が，約50年ぶりに抜本改正された（施行：平成28年4月1日）。

② 不服申立ての手続きが審査請求に一元化された。

③ 審査請求のできる期間が60日から3ヶ月に延長された。

④ 審査請求の裁決に不服がある場合には，裁決があったことを知った日の翌日から6ヶ月以内に，裁判所に取消訴訟を提起することができる。

　地方税の課税や徴収に不服がある場合には，納税者は審査請求や取消訴訟を行う権利がある。

■ 行政不服審査法の改正

（1）概要

　平成26年6月に行政不服審査法の改正法が成立し，公布された。これは，利便性・公正性の向上の観点から，昭和37年の法律制定以来，約50年ぶりの抜本的な改正である。なお，平成28年4月1日以降にされた処分に対する不服申立てから適用される。

（2）利便性の向上

　改正前は，上級行政庁がない場合は行政処分をした行政機関に異議申立てをするが，その行政機関から説明を受ける機会が与えられていないなど審査請求とは手続きが異なる。そこで，こうした問題を解消するため，異議申立てをなくし，審査請求に一元化された（行政不服審査法2）。

　また，審査請求のできる期間が60日から3ヶ月に延長された（行政不服審査法18）。なお，改正後の行政不服審査法の施行に伴い，償却資産台帳に登録された価格に不服がある場合の申出期間も，60日から3ヶ月に延長されてい

る（地法432）。

（3）公正性の向上

改正前は，審査請求の審理を行う者の法規定がなく，処分関係者が審理を行うことがあった。そこで，審理において審査庁の職員のうち処分に関与しない者を審理員とすることで，両者の主張を公正に審理する（行政不服審査法9）。

また，裁決について，有識者からなる第三者機関が点検することで，審査庁の判断の妥当性をチェックし，公正性を向上させる（行政不服審査法43）。

❷ 取消訴訟

（1）概要

取消訴訟とは，行政機関の処分又は裁決等に不服がある場合に，その取消しを求める訴訟をいう（行政事件訴訟法3②③）。

（2）手続き

審査請求の裁決に不服がある場合には，裁決があったことを知った日の翌日から6ヶ月以内に，裁判所に取消訴訟を提起することができる（行政事件訴訟法14，地法19の12）。取消訴訟は，原則として，審査請求に対する裁決を経た後などでなければ提起できないが，審査請求があった日から3ヶ月が経過しても裁決がないときは提起できる（行政事件訴訟法8）。

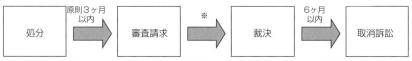

※　審査請求があった日から3ヶ月を経過しても裁決がないときは取消訴訟の提起ができる。

eLTAX（エルタックス）の概要について教えてください。

Answer

① eLTAX とは，地方税共同機構により運営される地方税の電子申告及び国税連携のための地方税ポータルシステムの通称で，地方税の手続きをインターネットを利用して電子的に行うシステムある。

② 令和4年度の税制改正により，原則として令和4年1月1日以後は全ての申告等について電子申告が可能となる。

③ eLTAX を利用してダイレクト納付，インターネットバンキングや ATM から納付を行うことができる。令和4年度税制改正により，eLTAX を通じた電子納付の納付手段拡大として，スマートフォン決済アプリ，クレジットカード等による納付を可能とするため所要の措置を講ずるとともに，eLTAX を通じた電子納付の対象税目も拡大される（令和5年4月1日以後の納付について適用）。

■ **eLTAXの概要**（地法747の2，地法747の5の2，地法761，地規24の39）

eLTAXとは，地方税共同機構により運営される地方税の電子申告及び国税連携のための地方税ポータルシステムの通称である。地方税共同機構は，地方税法に基づき地方団体が共同して運営する組織として税務事務などを行う団体である。

地方団体の長は，地方税に関係する申告等のうち地方税などの規定に基づき書面等により行うものについては，eLTAXにより行わせることができる。

納税者は，eLTAXを利用して電子申告，申請・届出，納付などの地方税に関する手続きをインターネットを通じて電子的に行うことができる。

令和4年度の税制改正により，原則として令和4年1月1日以後は地方税法関係法令に基づき地方団体の長に対して行われる全ての申告等について電子申

告が可能となる。納付についても全ての税目に拡大される（令和5年4月1日以後の納付について適用）。ただし，地方団体ごとに対応状況が異なることから事前に確認が必要である。

2 eLTAXの利用方法

eLTAXを利用するためには事前に利用届出（新規）を提出し，利用者IDの取得や提出先の地方団体及び利用税目の登録などを行う。利用届出は地方税共同機構が提供しているPCdeskや市販の税務会計ソフトウェアなどeLTAX対応ソフトウェアを利用して作成する。

複数の地方団体に電子申告等を行う場合は，提出先のすべての地方団体を登録する必要がある。はじめに利用届出（新規）で主たる申告先の地方団体と税目を各1つずつ登録し，その後に利用届出（変更）で複数の申告先の地方団体や税目を追加登録する。

受付処理を行うポータルセンターにインターネットを利用して申告等データを一括して送信すると，ポータルセンターから申告先の各地方団体へ申告等データが送信される。申告等データの受付結果やお知らせなどの情報はメッセージボックスに格納され，納税者はその内容を確認することができる。

3 納付手続き（地法747の5の2，地令57の5の2，地規24の43）

地方団体は，特定徴収金の収納事務については地方税共同機構に行わせるものとする。特定徴収金とは，地方税に係る徴収金で電子申告されたものをいう。特定徴収金は，納税者の金融機関口座からeLTAXの共通口座に納入後，各地方団体の指定金融機関口座等に払い込まれる。

eLTAXを利用した特定徴収金の納付は，ダイレクト納付，インターネットバンキングやATMから行う方法がある。令和4年度税制改正により，eLTAXを通じた電子納付の納付手段拡大として，スマートフォン決済アプリ，クレジットカード等による納付を可能とするため所要の措置を講ずることとされた。利用する金融機関や地方団体などで利用可能な収納方法が異なるため，事

前に確認が必要である。なお，eLTAXを利用して電子申告した場合でも，金融機関等の窓口で納付書により納付を行うことが可能である。しかし，書面により申告する場合にはeLTAXを利用した納付を行うことはできない。

　以下に，eLTAXで利用可能な主な納付方法を説明する。

①　ダイレクト納付

　事前にeLTAXから利用届出を行い納税者の金融機関口座を登録し，電子申告後に登録金融機関口座から即時又は指定した期日（最長120日先まで指定可能）に口座引落しにより納付する方法である。利用届出後に金融機関の審査手続きがあるため，使用可能になるまで日数を要する。納付時に金融機関の暗証番号が不要なため，税理士等代理人への委託が容易である。なお，利用に際しインターネットバンキングの契約は不要である。ダイレクト納付の利用は，eLTAXと各金融機関のオンラインサービス利用可能時間内に限られるため，注意が必要である。

②　インターネットバンキングによる納付

　各金融機関が提供しているインターネットバンキングから納付する方法である。納付方法は2つあり，eLTAXの申告データから納付情報等を引き継ぎ納付する方法と，金融機関のインターネットバンキングで納付情報等を入力して納付する方法がある。どちらの方法においても即時に口座引落しが行われ納付が完了する。事前に金融機関口座の利用届出が不要であるため金融機関の審査手続き期間が発生せず，インターネットバンキングの契約があれば利用可能である。

③　ペイジー（Pay-easy）納付

　ペイジーマークが付いている納付書を用いて，ペイジーマークのついているATMやコンビニを利用して納付する方法である。納付に「収納機関番号」「納付番号」「確認番号」「納付区分」などの入力が必要となるため，事前にペイジーマークのついた納付書を準備しておく必要がある。なお，時間外にATMで納付するときは手数料がかかる場合がある。

❹ まとめ

eLTAXで可能な手続きをまとめると，次のとおりである。

Chart eLTAXで可能な手続き

税目	電子申告	電子申請・届出
法人都道府県民税 法人事業税 特別法人事業税 （地方法人特別税）	・予定申告 ・中間申告 ・確定申告 ・修正申告 ・清算確定申告など	・法人設立・設置届 ・異動届 ・法人税に関わる確定申告書又は連結確定申告書の提出期限の延長の処分等の届出 ・申告書の提出期限の延長の承認申請
法人市町村民税	・予定申告 ・中間申告 ・確定申告 ・修正申告 ・清算確定申告など	・法人設立・設置届 ・異動届
固定資産税 （償却資産）	・全資産申告 ・増加資産／減少資産申告 ・修正申告など	―
事業所税	・資産割，従業者割の納付申告 ・免税点以下の申告 ・事業所用家屋貸付等申告など	・事業所等新設・廃止申告

※電子申請・届出は，地方公共団体によって個別に上記以外の手続きが提供される場合がある。

※地方公共団体ごとの対応状況については，「地方公共団体ごとのサービス状況」を確認する。

（出典：https://www.eltax.lta.go.jp/eltax/gaiyou/tetuduki/ より一部抜粋）

地方税の電子化について教えてください。

① 特定法人である内国法人は，令和2年4月1日以後に開始する事業年度の法人住民税及び法人事業税の申告については，eLTAXにより行わなければならない。

② 令和3年1月1日以後に提出する給与支払報告書又は公的年金等支払報告書については，前々年における給与所得又は公的年金等の源泉徴収票について税務署に提出すべき枚数が法定調書の種類ごとに100枚以上ある場合は，eLTAX又は光ディスク等により提出しなければならない。

③ 令和3年10月1日以後，利子割・配当割・株式等譲渡所得割についてはeLTAXを利用して納入申告が可能である。

④ 令和6年度分以後，給与所得に係る特別徴収税額通知について，一定の場合には市町村は通知の内容をeLTAXにより特別徴収義務者へ提供しなければならない。

■ 特定法人の電子申告義務化

（1）原則（地法53⑥⑤，地法72の32，地法321の8⑥②）

平成30年度税制改正により，特定法人である内国法人は令和2年4月1日以後に開始する事業年度の法人住民税及び法人事業税の申告書及び添付書類の提出についてはeLTAXにより行わなければならない。ただし，添付書類については記載事項を記録した光ディスク等により提出することができる。特定法人とは，事業年度開始の日における資本金の額又は出資金の額が1億円を超える法人等をいう。事業年度の途中で資本金の額又は出資金の額が1億円以下となった場合においても，事業年度開始の日における資本金の額又は出資金の額をもとに判定する。対象となる申告は，確定申告書，中間申告書及び修正申告書などである。

　対象となる法人が，法定申告期限までにeLTAXにより電子申告を行わず書面により申告した場合は，不申告として取り扱われる。

(2) 災害等による期限の延長

　電気通信回線の故障，災害その他の理由によりeLTAXを使用することが困難であると認められる場合で，かつ，書面により申告書を提出することが認められる場合において，地方団体の長の承認を受けたときは，指定された期間内に行う申告については書面により提出することができる。また，国税について電子申告が困難と認められ書面による申告書の提出が認められた法人が，一定の書類を期日までに地方団体の長に提出した場合についても，指定された期間内に行う申告については書面により提出することができる（地法53⑳，地法72の32の2①，地法321の8㊅）。

　総務大臣は，機構からの報告があった場合において，eLTAXの故障その他やむを得ない理由によりeLTAXによる申告等を行うことができない法人が多数に上ると認めるときは，申告等の期限を延長することができる（地法20の5の2②，地法53㊟，地法72の32の2⑪，地法321の8㊉，地法790の2）。

▇ 給与支払報告書等の電子化 （地法317の6）

　令和3年1月以後に提出する給与支払報告書又は公的年金等支払報告書については，前々年における給与所得又は公的年金等の源泉徴収票について税務署に提出すべき枚数が法定調書の種類ごとに100枚以上ある場合は，eLTAX又は光ディスク等により提出しなければならない。法定調書の提出義務者ごとに要件の判定を行うため，複数の支店がある場合は各支店ごとに判定する。

　eLTAXを利用して，給与支払報告書又は公的年金等支払報告書と税務署に提出が必要な源泉徴収票の電子申告データを作成しeLTAXに一括して送信すれば，支払報告書は各市町村に，源泉徴収票は所轄税務署に提出することができる。本店等で一括提出を行う際に，光ディスク等で提出する場合は各提出先にそれぞれ提出する必要があるが，添付する合計表付表はeLTAXでは作成・送信できないため，注意が必要である。

3 利子割・配当割・株式等譲渡所得割の電子化

令和2年度の税制改正により，令和3年10月1日以後における利子割・配当割・株式等譲渡所得割についてはeLTAXを利用して納入申告が可能である。対象者は，利子割・配当割・株式等譲渡所得割を特別徴収し，納入している者である。

支店・事業所ごとに納入申告を行う場合は，支店・事業所単位でeLTAXの利用者IDを取得する必要があり，納入申告先の各地方団体へ税目を届け出る必要がある。

4 個人住民税の特別徴収税額通知の電子化 （地法321の4）

令和2年度の税制改正により，令和6年度分以後における特別徴収義務者への給与所得に係る特別徴収税額通知について，eLTAXを利用して給与払報告書を提出する特別徴収義務者が申出をしたときは，市町村は通知の内容をeLTAXにより当該特別徴収義務者へ提供しなければならない。

これにより，現在，選択的サービスとして行われている書面による特別徴収義務者への特別徴収税額通知送付の際の電子データの副本送付は終了する。

索　引

執筆者紹介

（執筆者一覧）（五十音順）

江川　　真樹

北村　郁美子（税理士）

佐々木 未生（税理士）

清水　　秀宝（税理士）

平井　　伸央（税理士）

升田　　幸子（税理士）

森口　　直樹（公認会計士・税理士）

山﨑　　　剛（税理士）

山田　　順子（税理士）

（税理士法人　山田&パートナーズ）

〈国内拠点〉

【東京事務所】〒100-0005　東京都千代田区丸の内1-8-1　丸の内トラストタワーN館8階
　　　　　　　　　　　　　TEL：03-6212-1660

【札幌事務所】〒060-0001　北海道札幌市中央区北一条西4-2-2　札幌ノースプラザ8階

【盛岡事務所】〒020-0045　岩手県盛岡市盛岡駅西通2-9-1　マリオス19階

【仙台事務所】〒980-0021　宮城県仙台市青葉区中央1-2-3　仙台マークワン11階

【北関東事務所】〒330-0854　埼玉県さいたま市大宮区桜木町1-7-5　ソニックシティビル15階

【横浜事務所】〒220-0004　神奈川県横浜市西区北幸1-4-1　横浜天理ビル4階

【新潟事務所】〒951-8068　新潟県新潟市中央区上大川前通七番町1230-7　ストークビル鏡橋10階

【長野事務所】〒380-0823　長野県長野市南千歳1-12-7　新正和ビル3階

【金沢事務所】〒920-0856　石川県金沢市昭和町16-1　ヴィサージュ9階

【静岡事務所】〒420-0853　静岡県静岡市葵区追手町1-6　日本生命静岡ビル5階

【名古屋事務所】〒450-6641　愛知県名古屋市中村区名駅1-1-3　JRゲートタワー41階

【京都事務所】〒600-8009　京都府京都市下京区四条通室町東入函谷鉾町101番地　アーバン
　　　　　　　　　　　　　ネット四条烏丸ビル5階

【大阪事務所】〒541-0044　大阪府大阪市中央区伏見町4-1-1　明治安田生命大阪御堂筋ビル12階

【神戸事務所】〒651-0086　兵庫県神戸市中央区加納町4-2-1　神戸三宮阪急ビル14階

【広島事務所】〒730-0057　広島県広島市東区二葉の里3-5-7　グラノード広島6階

【高松事務所】〒760-0017　香川県高松市番町1-6-1　両備高松ビル14階

【松山事務所】〒790-0005　愛媛県松山市花園町3-21　朝日生命松山南堀端ビル6階

【福岡事務所】〒812-0011　福岡県福岡市博多区博多駅前1-13-1　九勧承天寺通ビル5階

【南九州事務所】〒860-0047　熊本県熊本市西区春日3-15-60　JR熊本白川ビル5階

〈海外拠点〉

【シンガポール】51 Anson Road, #12-53 Anson Centre, Singapore 079904

【中国(上海)】上海市静安区南京西路1515号　静安嘉里中心1座12階1206室

【ベトナム(ハノイ)】26th Floor, West Tower, LOTTE CENTER HANOI, 54 Lieu Giai, Cong Vi, Ba Dinh, Hanoi,Vietnam

【アメリカ(ロサンゼルス)】1411 W. 190th Street, Suite 370 | Gardena, CA 90248 USA

【アメリカ(ニューヨーク)】265 Sunrise Hwy. #1-351 Rockville Centre, NY 11570 USA

〈沿　革〉

1981年4月	公認会計士・税理士　山田淳一郎事務所設立
1995年6月	公認会計士・税理士　山田淳一郎事務所を名称変更して山田&パートナーズ会計事務所となる。
2002年4月	山田&パートナーズ会計事務所を組織変更して税理士法人山田&パートナーズとなる。
2005年1月	名古屋事務所開設
2007年1月	関西（現大阪）事務所開設
2010年12月	福岡事務所開設
2012年6月	仙台事務所開設
2012年11月	札幌事務所開設
2014年1月	京都事務所開設
2014年11月	金沢事務所・静岡事務所・広島事務所開設
2015年11月	神戸事務所開設
2016年7月	横浜事務所開設
2016年10月	北関東事務所開設
2017年7月	盛岡事務所開設
2017年11月	新潟事務所開設
2018年4月	高松事務所開設
2019年7月	松山事務所開設
2020年7月	南九州事務所開設
2022年1月	長野事務所開設

〈業務概要〉

　法人対応，資産税対応で幅広いコンサルティングメニューを揃え，大型・複雑案件に多くの実績がある。法人対応では企業経営・財務戦略の提案に限らず，M&Aや企業組織再編アドバイザリーに強みを発揮する。また，個人の相続や事業承継対応も主軸業務の一つ，相続税申告やその関連業務など一手に請け負う。このほか医療機関向けコンサルティング，国際税務コンサルティング，公益法人制度サポート業務にも専担部署が対応する。

著者との契約により検印省略

平成25年 4 月20日	初 版 発 行	法人が納める地方税 Q & A
平成27年 7 月 1 日	改訂版発行	**法人住民税・事業税・**
平成29年 3 月20日	第 3 版発行	**事業所税・償却資産税**
令和 4 年11月20日	第 4 版発行	〔第 4 版〕

著　　　者	税理士法人 山田&パートナーズ
発 行 者	大　坪　克　行
製 版 所	株式会社森の印刷屋
印 刷 所	株式会社技秀堂
製 本 所	牧製本印刷株式会社

発 行 所　東 京 都 新 宿 区　株式　**税 務 経 理 協 会**
　　　　　下落合 2 丁目 5 番13号　会社

郵便番号　161-0033　振 替 00190-2-187408　　電話 (03) 3953-3301 (編集部)
　　　　　　　　　　FAX (03) 3565-3391　　　　　 (03) 3953-3325 (営業部)
　　　　　　　　　　URL http://www.zeikei.co.jp/
　　　　　　　　　　乱丁・落丁の場合はお取替えいたします。

ISBN978-4-419-06884-4　　C3032